宇宙を味方にする

# ゆるゆるの法則

Y u r u Y u r u

今日からあなたも思い通り!

越智啓子 精神科医
Keiko Ochi

徳間書店

# はじめに……「ゆるゆる」こそが宇宙とつながるキーワードです

この本を手にとってくださって、本当にありがとうございます。

きっと、「ゆるゆる」のフレーズに、ピンときて、「これだ！」と思われたのかもしれません。不安や恐怖の時代から、安心感で満たされた「ゆるゆる」の時代に移ろうとしています。

表面的には、どうなっていくのかと思っている方も多いかもしれません。でも、少し離れてみると、なかなかいい流れに変わっていく兆しが見えてきます。

宇宙の法則「引き寄せの法則」をずっと活用して、本や講演会、セミナーなどで、世に広めてきましたが、パラレルワールドの時代を迎えて、新たな宇宙法則である「選択と共振の法則」が登場してきました。

それを、わかりやすくしたのが、アニメ映画『君の名は。』です。

これが、日本で大ヒットして、世界にも飛び立っています。

思いがけない素晴らしい現象に、嬉しいびっくりです。

この映画を待っていたかのように、この本を書き始めました。

感動して書き始めてからは、一氣に面白く書き上げました。

今まで、薬以外の治療で診療をしながら、過去生療法をして、愛と笑いのヒーリングを実践してきました。この本は、それをもとにした「人生のしくみ」に加えて、「宇宙のしくみ」をわかりやすく解説してみたものです。

それが**「ゆるゆるの法則」**です。

**意識を変えることで、人生は一瞬で変わります。**

そして、宇宙とつながる生き方を紹介しています。

実際の例をたくさん紹介して、より身近に感じられるようになっています。

「ゆるゆるの法則」を活用するために、いろんな意識変革のヒントもたくさん織り込まれています。なかなか面白い時代になってきました。そう思うと、ますます面白くなります。

面白がると波動が上がり、不安になると波動が下がります。

自分の宇宙は、自分の思いでいかようにも変えることができます。それをこの本で知っていただいて、ぜひ楽しいわくわくの宇宙にしていきましょう！

いろんな魔法のような出来事がどんどん増えていきます。

ぜひ、ご自分の魔法の力も発揮できますように！

ゆるゆるにリラックスすると、魔法のような、奇跡のようなことが起きやすくなります。

さらに、ゆるゆるになることで、過去のしがらみや思い込みの癖から解放されるのです。

マイナスの思い込みを引き継ぐ流れから、自由になるので、今まではなかったことが起こるのです。

**やっと過去からの解放のときがきました。ブラボーです。**

これからは、「ゆるゆるの法則」を活用する時代です。そのために、全国でゆるキャラがたくさん生み出されました。これも自然の流れなのです。

くまモンやふなっしーが人氣になるのは、私たちの潜在意識に、ゆるゆるが大切であることが、すでに宇宙の真理として入っていたからです。

宇宙の「ゆるゆるの法則」を今日から活用しましょう！

今日から、楽しくゆるゆる～

これから素敵に変化する地球に、しっかりとついて行きましょう！

笑いの天使・魂科医　越智　啓子より

第1章

# 人生は一瞬で変わります

# 第2章

# 宇宙とつながる生き方

第3章

# ご縁や運氣を感じて生きる ゆるゆるの法則

第4章

# 宇宙のしくみに寄り添う生き方

# 第1章

# 人生は一瞬で変わります

## だれもが望んだ人生を歩いています

あなたは、ツイている人ですか？

これは、とても主観的なとらえ方ですが、ツイているという定義は、「人生の流れがとてもうまくいっていること」ではないかと思います。

そういう私は、若いころは難病に苦しみ、加えて霊媒体質で霊的な体験に悩まされ、まわりとうまくコミュニケーションがとれないという「ことごとくツイていない孤独な子ども」でした。

だんだん人生が面白くなってくると、自分でもツイていると思えるようになって、それが当たり前になってきて、とても幸せな毎日を送れるようになりました。「自分の思いが人生を創っている」とわかってからは、なおのこと、「自分はいつもツイている」と思えるようになりました。

人生を3次元的に見るか、スピリチュアルに5次元的に見るかでも、ツイているかが大きく変わってきます。

もともとこの3次元の世界は、思いが現実化するのにとても時間がかかる制限された遮《さえぎ》りだらけの世界です。

そこが最大の特徴なので、時間がかかって、やっとうまくいくと達成感があって、喜びがあふれてきます。ハードルが高いほど、それを乗り越えたときの喜びが大きいのです。

**私たちの本質は、もともと光です。**

わざわざ無限に輝いている5次元以上の光の世界からきて、肉体という制限された器に入って、とても不自由な3次元世界でのスペシャルな体験をしに、自分の意思で生まれてきています。

宇宙の運動会のハードル競走や障害物競走に参加したくて、太陽系の地球という星にきているのです。地球は、愛のエネルギーがとてもあふれていて、いろんな命が輝いている素敵な星です。とても人氣があります。はるかかなたの星からも、地球での人生ゲームをしたくて、いろんな宇宙人が集まってきています。

一度の人生では、ハードルをすべて越えられないので、生まれ変わって、何度もチャレンジしています。3次元のハードルは、3次元でしか越える体験ができないので、やり残しがあると、また似たようなハードルをセットして、やり残しの宿題をしています。

**つまり、「ツイている」と感じるときは、「ハードルを乗り越えて、うまくいった」と感**

**じるときです。**

ゲームをしているのと似ています。

ゲームも最初は簡単で、それをクリアするとどんどん難しくなります。ハードルが多いほど燃えて、クリアできると、「やった〜!」と喜びや達成感で、さらに高いハードルをチャレンジしたくなります。「人生もゲームと同じだ!」と、思い方を変えると、わくわく楽しくなってきます。

宇宙一の夫の口癖は、「人生は問題解決だ!」です。日々いろんな問題が出て、それを解決するのを楽しんでいます。だから何が起きてもめげないです。どうやって乗り越えるかを考えて、一つひとつチャレンジしています。

ある日、日中に台風が上陸したとき、庭にある「天使の噴水」の天使をはずし忘れて、天使が飛ばされ壊れてしまいました。

6年間で6個目の天使が台風で飛ばされてしまいました。時々新しい天使に変わっているなと思っていましたが、まさか6個も変えていたとはびっくりです。

「天使の噴水」は、中が空洞なので、飛ばされやすく、壊れやすかったのです。

同じ「天使の噴水」が、ついに在庫切れになったので、代わりのものを探したら、大理石のイルカが見つかりました。とても重いので、さすがにもう飛ばされないでしょう。6

回のチャレンジが終わって、次のステージになったのですね。「天使の噴水」から「イルカの噴水」に変わりました。まるで、昔からそこにあったかのように、しっくりと色合いも合って、自然に見えます。6人の天使を経て、イルカにたどりついたという感じです。

人生にたくさん問題を抱えている人は、何度も生まれ変わっていろんなハードルを乗り越えてきたので、難しいハードルをたくさん用意して、さらに難易度の高い人生ゲームを楽しんでいます。

**3次元的にはツイていないように見えても、5次元的には魂の宿題が終わって、カルマ（＝過去にやった行為）の解消ができて、ウルトラツイている状態なのです。**

「どうしてこんなに恋愛がうまくいかないのかしら？」と思っていた30代の女性がクリニックにいらして、その原因を謎解きするために過去生療法でみてみたら、過去生でたくさんの女性を泣かしていた男性だったことがわかって、大笑いしながら大いに納得したことがあります。

今生《こんじょう》で過去生と逆の立場を体験することで、女性の氣持ちがわかり、魂の宿題が終わるという流れになっています。彼女は、「恋愛ゲーム」にずっとチャレンジしていたのです。

魂の宿題が終わると、急に流れが変わって、いろんなことがとんとん拍子にうまくいくようになりました。彼女が願っていた条件にぴったりの男性に出逢って、恋愛がうまくいくようになり、見事に結婚という夢まで叶《かな》いました。

今ではびっくりするほど、落ち着いてとても幸せだそうです。

「恋愛ゲーム」をクリアした達成感と喜びをじっくり味わっています。

魂の宿題を終わらせることは、まるで夏休みの宿題を早めに終わらせて、残りの休みを楽しく自由に遊べるようになる感覚に似ています。

もっと早めに終わらせたら、もっと早く遊べたのにと思いますが、「人生はベストタイミングにすべてがうまくいっている」ので、「流れが変わる時期もベストタイミング」に起きています。

スピリチュアルに見ると、究極はみんなツイているのです。ただ、それに氣づいていないだけです。

## すべてはうまくいっています

「宇宙のしくみ」は、「すべてうまくいっている」のです。

**これを心から思い込むことができると、人生の流れがスムーズになり、ツイていると思**

**える現象が多発します。あらゆる人生ゲームがうまくいくようになります。**

これは、最大のヒントです。

知っているとハードルが低く感じるようになって、どんどんツイてきます。

知らないとハードルを高く感じて、ツイていないと感じて、何度もチャレンジします。

私も本を書くようになって、17年になります。最初は、「2、3冊書けたらいいなぁ」と思っていたら、次々に依頼がきて、マラソンのように書き続けています。本当にありがたいことです。

人生はゲームで、宇宙は本当に、「すべてはうまくいっている!」のです。ものは試しで、「すべてはうまくいっている!」と思ってみませんか?

同じ状況にいても、どう思うかで、すっかり流れが変わってきます。

おめでたくプラスに考えることを、「ポジティブ思考」といいます。逆に、悪い方、つい悪い流れを考えて不安になってしまうことを、「ネガティブ思考」といいますね。私も若いころは、ウルトラマイナス思考で、自分を嫌っていました。

当然、人間関係もうまくいっていませんでした。だからこそ、ネガティブの状態をよく知っています。ネガティブをとことんやったので、ポジティブになりました。

ずっとマイナスをクリエイトしていると、やはり飽きてくるのです。

飽きるまで氣がすむまでやると、チェンジしたくなるのです。

本当に、人生は、ゲームと似ています。

あなたは、マイナスに飽きてきて、ふとこの本を手にとったのかもしれません。あるいは、かなりポジティブになって、さらにおめでたさに磨きをかけたくなったのかもしれません。

ポジティブとネガティブにこだわらなくなると、バランスよく統合されます。

どちらもそのままを認めると、統合されるのです。こだわらなくなります。

「まぁ、いいか、ゲームだし」と思えるようになってきます。

私も、今では統合されてきています。

ポジティブにもこだわりすぎると、世界が狭くなってきます。

ネガティブにもこだわると、心が暗くなってきます。

たとえば、日常で大切な食べ物も、添加物や農薬をとらないようにとこだわりすぎると、スーパーで買い物していても、だんだん食べられるものがなくなってきて、いつの間にか、自分が暗くネガティブになってしまいます。

今の自分が食べたいものを食べると、自然に自分に必要なエネルギーの補給になるのです。身体《からだ》が求めるものを心で会話して、取り入れていきましょう！

もちろん、食べたくないときは、無理に食べないで、軽やかになる自分を受け入れましょう！

宇宙には、プラーナと呼ばれる宇宙エネルギーがあって、それを取り入れることで、宇宙を味方につけて、とてもパワフルになります。

インドで21年前から始まった、「笑いヨガ」を2016年の1月、インドに行って、学んできました。

そこで、食べる前のパワフルな習慣を、しっかりと身につけてきました。

食べる前に、両手で食べ物に手から笑いのパワーを降り注ぐようにして、まず**「ホホハハ」**を4回唱えます。そのあと3回円を描きながら、**「アハハハハハ」**と笑い声を食べ物にふりかけることで、農薬や食品添加物がジュッと消えて、食材にある本来の宇宙エネルギー（＝プラーナ）が引き出されて、食べ物がより美味《おい》しくパワフルになります。

「ホホハハ」のあと、「今日のお恵みを感謝していただきます！」とご挨拶をしてから食べると最高です！　どうぞお試しください。

これが宇宙とつながる楽しい食事の作法です！

自然に笑いが食卓にあふれて、消化吸収もよくなるようです。

ついでに家事ラフター（＝家事笑い）もおすすめです。

笑いながらお掃除したり、洗濯をしたり、アイロンかけをしたりするのです。声を出すのが難しいときには声を出さずに笑うサイレントラフターをおすすめします。必ず口を大きく開けてやりましょう！

口を大きく開けることで、大切な脳幹を刺激することができます。

身体が本来のバランスのよい状態に戻る刺激が脳幹に加わって、いわゆる自然治癒力になってくるのです。

大前提の「すべてはうまくいっている」状態に戻すことができるのです。

だから大口を開けて笑うことは、素晴らしい健康に導きます。

毎日ワハハと笑う人生にしましょう！

自然に心も身体も健康になります。

人生がとてもうまくいくようになるのです。

「すべてはうまくいっている！」を今日から口癖にしましょう！

「すべてはうまくいっている！」は、「宇宙のしくみ」を説いている「般若心経《はんにゃしんぎょう》」をさらに短くしたもので、「宇宙のしくみ」の大切なエッセンスなのです。

診療の最後や講演会、セミナーの最後に、必ず「すべてはうまくいっている！」という最強の言霊《ことだま》で、「カニ踊り」をしています。

カニの爪のように、両手でピースサインをして、右2回、左2回と横歩きをしながら、大きな声で「すべてはうまくいっている！」と唱えるのです。

何回かやったあと、エーイ、エーイ、エーイと唱えながら右腕を天に向かって3回上げ、最後は突き抜けるように軽くジャンプをします。これで、しっかりと人生がうまくいく言霊パワーがインプットされます。

今日から、人生がうまくいく人になりましょう！

**とてもシンプルに、「すべてはうまくいっている！」の言霊パワーをまず自分の宇宙にしっかりと浸《し》み込ませて、新しい思い込みにしましょう！**

「宇宙のしくみ」のエッセンスを、自分の宇宙の土台に入れてしまうのです。

今日からあなたも、人生がうまくいく「人生の達人」です。

まずは、そう思うことから始まります。

ウルトラめでたい「めでたい人」＝「天然人」になりましょう！

宇宙を味方にして、人生をスイスイとうまく乗っていきましょう！

# 夢が叶いやすい人の共通点は、「信じる力」です

あなたは、夢が叶いやすい人ですか？

**夢が叶いやすい人は、「信じる力」が強いです。**

では、「信じる力」はどこからくるのでしょう？

それは、「魂の体験」からきます。

魂さんが、いろんな時代にいろんな場所で生まれ変わって、さまざまな体験をしてきた内容の集約が「信じる力」になっています。

**どのように選択して、どのように努力すると、どのように現実化ができるかを、私たちは体験から学んでいるのです。これまでのすべての人生を覚えてはいませんが、「信じる力」として集積されているので、ちゃんと必要なときに、発動できるのです。**

生まれ変わりの体験が少ないと、「信じる力」が弱くて、自分にはとてもできないと思ってしまいます。

チャレンジしなければ、夢は叶いません。

そばで見ている人は、「勇氣を出してチャレンジしたらいいのに〜」と思いますが、まだやったことがないと、びくびくしてなかなか手も足も出ないのです。

夢が叶いやすい人の魂さんは、たくさん生まれ変わっていて、ありとあらゆる体験をしているので、「こうしたら、こうなるはず」という過去のデータが豊富にあります。成功体験が多いと自然に大丈夫と思えて、チャレンジできるのです。ますます成功体験が増えて、「信じる力」が強くなります。

体験の少ない人は、体験の多い人のそばで、豊富な過去のデータからにじみ出るやり方のヒントやコツを聞き出して、チャレンジするとうまくいきます。

私は、医師になったときに、先輩たちから教えてもらった薬の処方だけでは患者さんがちっともよくならないので、試しに処方した薬を自分で飲んで、人体実験をしました。ふらふらして、具合が悪くなり、すべての感覚が麻痺して、こんな強い作用の薬を処方してはならないと強く感じました。

それで、他の治療法を追究して、今のようなホリスティックのエネルギー治療と過去生療法をするようになりました。

潜在意識にたまっている感情を解放するために、アロマとクリスタル、チベタンベルや音叉《おんさ》のサウンド、そしてハンドとヴォイスを使って、エネルギー治療をするときに、患者さんの魂さんからのメッセージを、イメージと言葉で受け取るようになりました。

メッセージは、おでこに電光掲示板のように、

「仕事をやめたい！」

「もっと自然の中で休みたい！」

「引っ越したい！」

「うつはもう卒業してる！　薬をやめたい！」

など患者さんの本音が短い言葉で映し出されてきます。

おでこそのものに文字が出てくるのではなく、少し浮いた感じで、最初のころは、白い文字でテロップのように私には見えます。金色の文字でメッセージが出てくることもあります。イメージは、患者さんの目の前の空間に、立体映像で過去生や未来の情景として見えてきます。

そこから、患者さんの現在の問題と関連する過去生の謎解きや未来からのイメージを伝えるのですが、自分を「信じる力」がないとできません。

いろんなところで講演会をやって、クリニックでのヒーリングの公開デモンストレーションをずっとやっていますが、これも自分を「信じる力」が本当にないと、とてもできません。

自分が体験してきたことと、そこからにじみ出る、自分を「信じる力」によってユニークな診療が成り立っています。そのおかげで生きがいのある仕事になっています。

最近、ドキドキする、勇氣がいる診療が続いています。

たとえば、ある普通の主婦の方が、息子さんたちのことで悩んで来院されました。

長男は、大学生ですが、「自衛隊に入って最前線で活躍したい」と強く望んでいて、親は心配でたまらないといいます。最前線に行きたくない人がほとんどでしょうに、本当に不思議な思いを持っています。

次男は、引きこもってゲームばかりやっていて、これも心配だそうです。

まず過去生の長男の謎解きをしたら、第一次世界大戦で、ドイツと戦うスコットランドの兵士でした。ちょうどクリスマスイブを迎えて、その夜だけクリスマス休戦をすることになったのです。

最前線にいた彼は、敵のドイツ人の兵士たちとお互いにクリスマスの歌を歌ったり、ワインを飲んだり、サッカーをしたり、家族の写真を見せ合って、戦争が終わったら、また会おうねと約束をしました。

朝がきて、上官に「戦いを再開せよ！」と命令されても、どちらも戦えません。最前線部隊は、みんなすっかり友達になって、とても殺しあうなんてできなくなったのです。

お互いにライフルを空に向けて空砲を撃つだけでした。

これでは使い物にならないと200人の兵たちは、最前線から移されました。列車に乗って、習ったばかりの敵国の歌をみんなで合唱しながら別れをおしむという内容でした。

これは『戦場のアリア』という映画になっていて、私も見たので、それにそっくりのシーンが展開して驚きました。

それを彼女に解説したら、「そのクリスマス休戦のことを、長男は何度も何度も繰り返し話してくれます」とびっくりしていました。そのときの感動体験が忘れられなくて、今生でまた最前線に行きたいと思っていたのです。

次男の過去生もびっくりの謎解きでした。彼は、ベトナム戦争のアメリカ兵でした。とても残酷なことをベトナム戦争で体験して、精神がおかしくなりました。今生でも、自分を責めて「自分は幸せになってはいけない」という強い思い込みがありました。次男がはまっているゲームが戦争ゲームでまたびっくりしました。エアガンが大好きだそうです。ゲームのニックネームがベトナム戦争で使っていたガンの名前だったそうです。

そんなに戦いが好きなら、一緒に自衛隊に入ろうと長男がすすめたら、「本当の戦争は嫌だ、ゲームは架空だからいいんだ」と答えたそうです。

最近バトルのゲームにはまっている若者や大人が多いのは、戦争体験を架空で再体験して、決してだれも死なないことを確認して、怒りや悲しみを解放しているのでしょう。戦争ゲームにも思いがけない役目があるのですね。

次男の強い罪悪感を解放するために、母親を通じて遠隔ヒーリングをすることにしました。そのとき、一緒に母親の罪悪感の解放もすることになり、びっくりの過去生の謎解きが始まりました。

彼女は、ナチスの国防軍将校で、ヒトラーの暗殺計画に参加して失敗し、処刑されていました。これも映画になっています。『ワルキューレ』です。トム・クルーズが主演で、左目、右腕を爆撃でなくしたシュタウフェンベルク大佐の役です。

彼女に、「あなたはナチスの兵士でした」と解説していいものなのかと、私の表面意識は少し躊躇《ちゅうちょ》しましたが、やはり「信じる力」が強くて、映画の話から解説を始めました。

「びっくりするかもしれませんが、あなたにも戦争体験があります。実は、映画にもなっているヒトラー暗殺計画に参加した将校でした！　その計画は失敗に終わって、あなたは処刑されてしまいました。そのときの優しい妻が、今の優しいご主人です」

「えっ、その映画は見ましたよ。やはりそうでしたか！　実は、大学の卒論は、そのヒトラー暗殺計画『ワルキューレ作戦』のことを書いたのです。その計画が失敗しなければ、もっと世界は変わったのに、とても残念だと思ってそのテーマにしたのです。やはり、その作戦に参加していたのですね〜。腑《ふ》に落ちました！」と聞いて、ひっくり返るほど、驚きました。そのとき、彼女のズボンがナチスの制服の色とそっくりなのに氣がついて、またびっくりでした。

「大学の卒論にその作戦のことを書いたのですか!!」

あまりにもぴったりだったので、「人生のしくみ」に感動しました。

これまでにこの作戦に参加した過去生の人が彼女を含めて4人もクリニックにいらしています。

## 素晴らしい人生のしくみ

**過去生のことが心に残っていると、次の人生で続きをします。それもベストタイミングを選んでいます。**

氣になる時代のことを調べたり、本で読んだり、そのときに残っている感情を必死で解放しようとします。

ベトナムの人々にひどいことをしたと次男は自分をどうしても許せなくて、「自分は幸せになってはいけない」と思い込んで、勉学もスポーツも得意なのに、しようとせずに引きこもってしまいました。でも、もう十分に苦しんだので、新しい人生として生き直すことができます。

ハートにブロックを作っている罪悪感を解放すると、まず呼吸が楽になります。ゆるゆるになって、「まぁいいか」と思えるようになるのです。そうなると、人生をやっと楽しめるようになります。

私がこうした不思議な過去生療法を始めて、21年になります。

これは体験を積んで、自分を信じて続けてきました。

思い切って、感じたものを伝えることで、患者さん自身が納得して、腑に落ちて、解放されて楽々に変化していきます。

泣いたり、笑ったりして、表情が変化するのを見ると、しみじみとこの方法をやり続けてよかったと思っています。

半信半疑でクリニックにいらっしゃる方もおられます。それでも、大きな解放ができたときは、やった〜という達成感があります。それがまた「信じる力」に発展していくのです。

不眠で悩んでいる女性が、不登校の息子さんと、半信半疑のご主人と一緒に来院されました。最初にご本人をヒーリングしたら、不眠の原因が金星人の名残りだというメッセージになってびっくり！

「びっくりするかもしれませんが、昔あなたは金星人だったことがあったみたいで、そのとき、睡眠の習慣がなかったので、あまり眠れないのです。だから眠れなくても心配しないで、やりたいことをやってくださいね！　それからあなたは、霊的に敏感で『光の仕事人』をやっています。地球の浄化装置のようなものです。たくさん浄化してくれてありがとう！」と言ってハグをしたら、とても喜んで、「金星人に睡眠の習慣がないので」の解説に大爆笑して、青白かった顔が、あっという間に笑顔になってピンク色になりました。

本人も驚いて、「なぜか笑いが込み上げてきて、嬉しくてしょうがないのです」と言うので、私も素敵な変化に嬉しくなりました。

次は息子さんを呼んで、過去生ヒーリングをしました。なんと大東亜戦争のときに特攻隊員で、空母に激突して命中して沈めたのです。

「あなたのおかげで、今の平和な日本があります。日本を守ってくれて本当にありがとう！」と呼びかけると、大号泣になり、思わずハグをしました。

「胸のあたりがもやもやしていたのが、とてもすっきりしました」と喜んでいたので、ほっとしました。

待合室の方から、ご主人の魂さんが「ぜひ、私もお願いします！」とアピールがあったので、ご主人のヒーリングもすることになりました。

半信半疑の人にするのは少し構えるところがありますが、氣になっていた顔の左右の歪《ゆが》みをヒーリングすることにしました。

すると関連する過去生のイメージがクリアに出てきました。

第一次世界大戦のとき、スコットランドのスコッチウイスキー職人だったのですが、兵士として戦地に行くことになり、右目を爆弾でやられて、そのあと亡くなっていました。

今の夫婦の関係はちぐはぐに見えますが、そのとき夫婦はとても仲良しで、夫が戦死したことのショックとお腹《なか》の子が流産したダブルパンチに耐えられず、奥さんは自害してしまいました。

そのときの妻も今生の奥さん、お腹の子は、今の息子で、また同じ両親を選んで生まれてきたのです。

それを告げたら、ご主人も大号泣で、びっくり！　また思わず、「よく頑張りました！　生きていてくれてありがとう！」と声かけをしながら、抱きしめました。奥さんも寄ってきて2人はしっかりと抱き合いました。

そこへ息子もハグに混じって、それは感動的な家族の絆の確認になりました。

バンザイテラスで、家族が並んで、解放記念のバンザイをするとき、大きな声でご主人がバンザイを唱えていて、感無量になりました。半信半疑の人もまさかの号泣でした。潜在意識の大解放をすると、魂に響いて納得できるのです。

**いろんな患者さんの人生の謎解きをするたびに、「人生のしくみ」の素晴らしさに感動します。昔も夫婦で、今生でも再会するなんて、本当に奇跡的なことです。魂の縁は、時空を超えて、また再会できるのですね！**

その奇跡に思わずご主人が感動されたのだと思います。力強い親子のバンザイの声が宇宙に響きました。いろんな感情が混じった声は、確実に宇宙へ届いています。これからは、きっと仲良く寄り添って、生きていけます。

私も、この家族を見ていて、もらい泣きをしました。そして一層、宇宙一の夫が愛おしくなりました。やはり、何度も過去生で一緒だったので、奇跡的な再会を体験しています。

どうやって、今の夫を引き寄せたかというと、守護天使を通じて、宇宙に具体的なリクエストをしました。

「年下ならカメラマン、年上なら経営者、過去生で奥さんだった魂で、自分の世話をしてくれる人」とかなり具体的にお願いしてみました。

そして、それを宇宙が聞いて、必ず提供してくれると信じていました。

これも「信じる力」です。

そうしたら、かつてカメラマンで、今は経営者、琉球時代の過去生で奥さんだったことがあって、本当によく世話をしてくれます。ただ、年上なのに年下に見えるのが、ちょっとくやしいです。

**宇宙の「引き寄せの法則」を活用するには、具体的なリクエストが大切です。**さらに、「引き寄せの法則」よりも、もっと早くて簡単な「選択と共振の法則」が話題になってきました。「パラレルワールド」の話です。

次はこれだと思っていたら、そのうねりが日本にもやってきました！

## 意識が変わると世界はあっという間に変わります

ドドーンと花火のように、彗星《すいせい》のように、現れてきたのが、２０１６年８月から一般公開されたアニメ映画『君の名は。』です。

これは予定通りの天意によるものでしょう。宇宙が相当味方しています。

**多次元的に生きる、いろんな世界を行き来できる、過去を変えられる、あきらめなければ、必ず人生はどんどん好転して、思い通りになる。**

まさに「引き寄せの法則」を土台にした映画です。

まだご覧になっていない方もいらっしゃるでしょうからネタバレにならない程度にご紹介しましょう。田舎の女子高生・三葉《みつは》と東京の男子高生・瀧《たき》の心と身体が入れ替わり、何度も入れ替わる体験をしながら徐々にお互いの存在を意識するようになります。そしてつながりを確信した瀧は、三葉に会いに行こうとしますが、2人の入れ替わりにはさらなる秘密が……というストーリーです。後半の思いがけない展開が圧巻です。

ぜひ、ぜひ、この映画を見てください。この本が出版されるころには、もうＤＶＤになっているかもしれません。なるべく大きな画面で集中して見てください。必ず、新しい世界観が広がります。

「パラレルワールド」を意識して楽しめる段階に突入です。

この「パラレルワールド」という言葉を聞いたことがある人も多いと思います。

『インターステラー』という宇宙映画は、５次元世界の様子が見事に描かれていて感動して何度も見たことがあります。

この世界は、意識を変えることで、パラレルにいろんな世界を選べるのです。時空を自由自在に飛ぶことができます。最高に楽しいです。

いよいよこの言葉、「パラレルワールド」が日常化してくるときを迎えました。

それは、思いがけない形で、あっという間に、世界に広がることになったのです。話題のアニメ映画『君の名は。』の登場がさりげなく巨大なスイッチです。

封切1カ月半で、1500万人以上の人々が見て、すでに200億円の興行収入があったそうです。大ヒットになり、世界90カ国以上に配給されることになりました。

これは、社会現象を超えて、世界現象になるのではないでしょうか。新海誠監督の快挙にブラボーです。

世界中に素晴らしい意識変革が広まります。

世界中の人々の表面意識に、「パラレルワールド」の存在が伝わります。それが潜在意識を通じて、地球人類の集合意識が動き出すのです。

**意識が変わると世界はあっという間に変わります。**

**過去も書き換えができるということが潜在意識にしっかりと入ります。**

自分で意識して、いろんな世界を選べることができるとわかると、一氣に平和への希望がわいてくるのです。アニメの力は、すごいです。

日本のアニメは世界に浸透して、ずっと意識を変える貢献をしてきました。

そして、この映画で、一氣に日本を中心としたユートピア化へのプロセスが加速します。「パラレルワールド」がしっかりアニメで表現されていることに大感動して、この本でぜひ紹介したいと、しみじみ思いました。

映像が美しくとても輝いています。田舎の自然も都会もすべてが輝いていて、全肯定の世界観にあふれています。

どんな年齢層の人にも共感できるようになっていて、田舎の人も都会の人も均等に、それぞれのよさを見直せるしくみが素晴らしいです。

男女のバランス、それぞれの特徴の表現も素敵です。

彗星の名前のティオマタが、ニビル語でイブのことだと友人のはせくらみゆきさんから教えてもらいました。びっくりです。「パラレルワールド」をわかりやすく日常的に描いているアニメ映画だから、ぜひ見てと伝えたら、さっそく見てくれました。まさに自分の日常を描いていると、びっくり衝撃を受けていました。

みゆきさんも、日々、時空を自在に飛び回っています。突然プラットホームから消えたり、またしばらくして、別のところに現れたり、記憶も薄くなって「あれっ」と思うそうです。

映画のポスターに描かれている高校生男女と2つに分かれた彗星が男性性と女性性を象

徴していて、お見事です。まさにアダムとイブですね！

タイムリーに、はせくらみゆきさんの著書『こうすれば、夢はあっさりかないます！』（サンマーク出版）の本にも、しっかりと「選択と共振の法則」が解説されています。

**欲しいものが「すでにある」時空から、望む現実を表に現す方法です。**

時間の観念を超えている世界、同時多発的な量子的時空、多世界宇宙など、まさにアニメ映画『君の名は。』と、そっくりの表現をしています。

**多世界宇宙では、同時にあらゆる「現実」が無数に存在していて、それを自分が選んで現実化しているのです。**

**自分がこれだと思う世界を、パッと選んで、ぶるぶると震えるのです。そうすると、新しい振動が始まって、その世界が自分の新しい世界になります。タイムラインが一瞬で変わるのです。**

映画でも、主人公の友人がオカルト雑誌『ムー』らしきものを読んでいたのですが、「それって、前世の記憶や！……ならば言い方を変えてエヴァレットの多世界解釈に基づくマルチバースに無意識が接続したという説明は……」というようなせりふがあって、びっくりポンポンでした。高校生が普通に話す内容としては、あまりにも専門的です。ついにアニメ映画にエヴァレットの多世界解釈が登場です。

それを短時間に多くの人々、それも10代、20代の若い世代が繰り返し見ている現象は、爆発的に世界の意識変革を生み出しているでしょう。

その意識のうねりがこれからどのようになっていくのか、とても楽しみです。

## 「選択と共振の法則」と「引き寄せの法則」をうまく使い分けしましょう

いろんな世界が自分のまわりにたくさんあります。過去も未来も今の中に平行して存在しているのです。

エヴァレットの多世界解釈をわかりやすくしたのが、シュレーディンガーの猫という解説です。「生きている猫」と「死んでいる猫」が重なり合っていて、その外に観察者がいるのです。その人の思考で、どちらの猫でも選べる状態です。相対性の世界なので、どちらもありえるのです。宇宙的には、絶対的に何も起きていないそうです。可能性の重ね合わせです。

はせくらみゆきさんが、昔幼い3人の息子さんを子育てしていたときに、脳卒中になって、右半身不随で入院したのですが、「こんなことしていられない」と思って、ガバッと起き上がったら、右半身麻痺が取れて、普通に起き上がれるようになったそうなのです。

脳卒中の後遺症で動けなくなるタイムラインを選ばなかったのでしょう。

なぜ脳卒中になったのかは、思い出してみると、あまりの忙しさに「少しでいいから横になって休みたい」と思った思いが引き寄せたのだとわかりました。「引き寄せの法則」が活用されています。しかし、入院したときは、ずっと入院してられないと思ったので、「パッと選んでぶるぶる〜」の「選択と共振の法則」を活用したそうです。重なっている可能性の選択が一瞬でできました。

「引き寄せの法則」を活用して、脳卒中になり、「選択と共振の法則」を活用して、あっという間に退院し、後遺症もなく普通の生活に戻れたのです。

私も同じような体験があります。

5歳のときに、疫痢《えきり》で亡くなって、お棺に入れられたのですが、意識だけ地球の中のシャンバラと呼ばれるユートピアの世界に飛んで、いろんな体験をしました。地球の中は空洞になっていて、セントラル・サンという太陽があります。自然が豊かで、山も海もあってとても平和で緩やかな世界です。体験談も出ています。『地球内部を旅した男』（5次元文庫・徳間書店）です。

シャンバラから意識が戻ってきたときに、火葬場ではなく、生き続けるタイムラインを選びました。棺桶からガバッと起き上がり、息を吹き返したので、家族は嬉しいびっくりでした。

葬儀屋さんが、「こんなことは初めてだ～」とびっくりしながら、お棺を持ち帰ったそうです。

ずっと待っていると火葬されてしまうので、ゆっくりと引き寄せている時間はありません。パッと生き返るタイムラインを選び取ったのです。

一瞬が勝負のときは、「選択と共振の法則」の活用が必要になります。

まれに息を吹き返すことがあるので、お通夜の習慣がありすぐに火葬しないのでしょう。沖縄は南国なので、遺体がいたまないうちにとすぐに火葬することもあります。

そのため、今生は沖縄に生まれないで、お棺から蘇《よみがえ》る余裕がある北九州に生まれてきたのだと思います。

もっと、ささやかな「パッと選んでぶるぶる～」のエピソードがあります。

昔、サイババさんがブームのときに、たまたまインドのアーユルベーダ大学にインドの伝承医学であるアーユルベーダの体験に行くチャンスがあったので、ちょっとサイババさんのアシュラムに寄ったことがありました。

そのとき、何のお呼びもなかったのですが、サイババさんのまねをしようと思って、食堂でカレーを食べたときにいろんな種類のカレーの一つが冷たかったので、「やっぱり、カレーは熱いのがいいなぁ」と思った次の瞬間にパッと、そのカレーが熱々になりました。これも食べている最中なので、「パッと選び」をしたのだと思います。器が小さかったので、ゆっくりと引き寄せていると食べ終わってしまうので、瞬間の選択のほうにしたのです。

もう少し、時間がかかって引き寄せたこともありました。

サイババさんが幼いころに見たという、好きな果物が次々に生《な》るという不思議な木のところに行きました。そのときバナナが食べたかったので、「バナナ」と思ってみたのですが、出てきませんでした。ところがしばらくして、お土産屋さんで「これどうぞ食べてね！」とひと房のバナナをもらいました。

とても美味しかったです。お土産屋さんがイケメンだったので、よけいに美味しく感じました。バナナは、少し時間がかかって、3時間くらいで実現したので、これは「引き寄せの力」だと思います。

**こうやって、振り返ってみると、時間が切羽詰まったときには、「パッと選んでぶるぶる～」つまり、「選択と共振の法則」を、時間に余裕があるときには「引き寄せの法則」を無意識のうちに使い分けているようです。**

それを、表面意識でちゃんと意識すると、もっと宇宙法則をしっかりと活用できます。

とっさに飛び乗った電車で、飛行機に間に合ったこともあります。

反対方向に行く電車だったら、とても無理でした。飛行機に乗っているイメージで、電車に飛び込んだのです。すでに飛行機に間に合うタイムラインを選んでいます。飛行機に乗り遅れるイメージで飛び込んだら、きっと反対方向に行く電車を選んで、飛行機に乗り遅れたと思います。

「パッと選んでぶるぶる〜」つまり、「選択と共振の法則」を活用するには、イメージが大切です。文字でもいいのですが、イメージのほうが、一瞬で状況をつかめるからです。パラレルワールドについても文字で解説するよりも、アニメ映画『君の名は。』や映画『インターステラー』を見るほうが、身体で覚えることができるでしょう。

それをすぐに、人生に、日常生活に活用できる力を私たちは持っています。

映画『君の名は。』を見た人は、自然にパラレルワールドを潜在意識にしっかりと入れることができたので、これからの人生がどんどん軽やかになっていくでしょう。

今日から、自分の望む状態をイメージして、「パッと選んでぶるぶる〜」つまり、「選択と共振の法則」を活用しましょう!

右手でパッとつかみましょう!

毎日がパラレルワールドです!

選び取った世界がどんどん展開していきます。
はい、パッと選んでぶるぶる〜！
その調子です！

## 「引き寄せの法則」のタイミング調整

「引き寄せの法則」って何？

知らない人のために、ちょっと紹介します。

「思った通りに現象を引き寄せる」という宇宙の法則の「引き寄せの法則」からきています。

もう十分知っているという人は飛ばして読んでくださいね！

いつもの「引き寄せの法則」の解説に新しい面をつけ加えると、ベストタイミングに引き寄せる「タイミング調整」も含まれていることに、氣づきました。

それは、「選択と共振の法則」について解説していて、ハッと氣づいたのです。

引き寄せるのがかなり後からになると、本人が思いを宇宙に発したことも忘れてしまいます。

先ほどご紹介したはせくらみゆきさんは、ちょっと横になりたいと思ったことが、ずっとあとになって、脳卒中という病氣を引き寄せました。風邪でもいいのにと思いますが、それでは本のたとえ話にはなりにくいですね。インパクトが弱いからです。

「選択と共振の法則」を解説した本を、タイミングよく大ヒットアニメ映画『君の名は。』と同じときに出すことになっていたから、かなりの時間がかかって「引き寄せの法則」で引き寄せています。みゆきさんの「引き寄せの力」もすごいです。

実は、「引き寄せの法則」に「タイミング調整」が含まれていることは、表面意識では氣づいていませんでした。

私も5歳のときに臨死体験をしています。疫痢になって息を引き取ったのですが、それも副腎の難病があまりにもつらくて、包丁で自殺しそうになったときの強い思いが引き寄せて実現しています。でも間一髪で、火葬されずに蘇って今があります。

その臨死体験の間に、私の意識は、チベットのポタラ宮殿に行って、将来チベットで再会することになっていた、若いころのマニさん（現在のダライ・ラマさんを発見、指導して生き仏といわれました。自著『人生のしくみ』にも登場しました）というお坊様の案内で、シャンバラに行きました。マンモスの鼻を滑り台にして遊んだ記憶が残っています。

今アースクールで、シャンバラの話ができるのも、そのときの体験が生きています。

5歳で自殺未遂、そしてその思いが「引き寄せの力」になって、疫痢で死亡し、蘇るという強烈な体験が、この本でインパクトのあるたとえ話になっています。

私もはせくらみゆきさんも、かなり身体を張った、命がけの人生の中から、「宇宙のしくみ」を解説する使命を果たし、本を書くというお役目をいただいているのかもしれません。

宇宙にはいろんな法則があります。それぞれに特徴があって、無意識にそのとき必要な宇宙法則を活用しているのです。

２００７年にアメリカから「引き寄せの法則」が到着してから、私もずっと日々活用しています。

面白いのは、マイナスなことを思っていると、そっくりそのままマイナスなことを引き寄せるということです。うっかりマイナス言葉を使うと引き寄せるので、別の表現にしたり、すでに望みの通り叶っているような表現にしたり、結構細かく言霊に氣をつけています。

クリニックに来院される患者さんを診療していると、それがよくわかります。

「私は、絶対に仕事が続かないのです！　必ず人間関係がこじれて、やめることになるのです！」と自分で力強く決めているのがわかります。

「絶対」とか「必ず」という強調する言葉をしっかり自分で決めた思い込みの表現に使っています。これだけ強調すると、それこそ「絶対」「必ず」その現象をベストタイミングに引き寄せます。

「私は、母親とうまくいかないのです。会うと必ず喧嘩《けんか》します。子どものときからずっと非難され続けてきました。今は断絶しているのですが、この間珍しく母から謝りの手紙がきて、びっくりしました！　今月末に会うことになっています」

と母親とうまくいかない女性がいらしたときにも「必ず」とか「ずっと」という強調言葉が使われていました。

「もし可能なら、いつか和解のハグができたらいいですね〜。無理にではなく自然にね〜」とさりげなくささやくように話しかけたら、

「ハグなんて、とんでもない、できません!!」と力強く断わられました。

ところが、ヒーリングをして母親との過去生の関係が出てきて謎解きをしたら、あっという間に氣持ちが変わってしまったのです。

なんと日本の戦国時代、ちょうど秀吉統治のころ、子どもが多くて子育てに大変だったときに、宣教師のすすめで、娘を奉公に出すことになりました。

ところが、実際は奉公ではなく、船に乗せられて遠く南米に奴隷として安く売られていたのです。それはつらい生活を強《し》いられました。そのときの怒りと悲しみが娘の潜在意識に残っていて、母娘が逆転して生まれ変わったとき、無意識に昔の母である娘を、責める

言動が出てしまったのでした。

最近新しい歴史の事実として、戦国時代に宣教師が斡旋《あっせん》して、約50万人もの若い男女が奴隷としてヨーロッパや南米に売られていたこと、それを知った秀吉がたくさんの奴隷たちを買い戻したことがわかってきたと、歴史番組やフェイスブックで見ました。

患者さんの過去生の中にその内容がずばり出てきたので、びっくりしました。

その話を彼女にしたら、「えっ、ちょうど秀吉時代に海外へ売られた奴隷のことを息子と話していたのです！」と話がすぐに通じて、見事なシンクロにびっくりしました。

もっと驚いたのは、彼女の母親への思いが一転したことです。

「私、今なら母をハグできるかもしれません。やってみます。いえ、ハグしてあげたいです！」と涙ぐんで、目は輝いていました。

「もしかしたら、この間のリオデジャネイロのオリンピックに、お母様の子孫が参加していたかもしれないわね！　かなりの日本人が奴隷として世界に売られたので、日本人の優秀な和を尊ぶ遺伝子が世界中に溶け込んでいるわ！　南米には、戦後たくさんの日本人が移民として日本から移動したけど、その前の戦国時代にも奴隷として送られていたのね！」

なぜ、母親が自分につらく当たってきたのか、その理由がわかると、あっという間に今までの怒りが吹っ飛びます。

思い込みをくつがえすには、真実がわかることで意識を変えることが、いちばんの早道です。それに、過去生療法が役立っているという実感が持てるとき、生きがいを感じて嬉しくなります。

マイナスの思い込みを続けていると、ずっとマイナス現象を引き寄せ続けます。でも、パッと一瞬でマイナスの思い込みがはずれたら、まったく別の世界を創ることができます。このパッと一瞬で別の世界を選んでいるときに「選択と共振の法則」が活用されているのです。

## 人生はすべて思い込みです

人生はすべて思い込みでできています。

今の環境と自分は、昔の自分が思った通りに展開しているのです。

「どうして、私はずっとお金に縁がないのかしら?」と思っていたので、今お金に縁がない生活をしています。

「私は、ずっと仕事に恵まれていて、リストラされてもすぐにもっといい仕事に出会えるの」と思っている人には、本当にどんどんいい仕事に出会えてとても幸せです。

以前母から「啓子は、本当に小金持ちさんに縁があるのね～」と言われて、「そうか自分は小金持ちさんに縁があるのね～」とそのまま母の思い込みを受け入れて自分もそう思っていたら、そのようになっています。

大金持ちと思わなかったところが、今回の人生にちょうどよい環境を創造しています。「私は、とても豊かで幸せです！」と思ってみてください。

それは、「タイミング調整」されて、必ずベストタイミングで引き寄せます。それがちょうど結婚のときかもしれません。豊かで幸せな人生を引き寄せるのです。

「私はいつも絶好調、疲れはすぐに取れて大丈夫になる」と決めているので、本当にどんなにハードな仕事でも直後は疲れても翌日には、元氣に戻ります。

日々、思い込みがちゃんとその通りのことを引き寄せて、生活を創っています。絵が好きで絵描きになりたかった思いが、医師になってからも、診療室の上にアトリエを作ることを実現しました。今は朝の座禅のあとに、絵を描いています。その絵が、「天の舞」のショップや「海の舞」に飾られて、大満足です。座禅は瞑想ルームでしています。これもクリニックの待合室の上にあって、自分が描いた仏画を飾って大満足です。「思い込み」がちゃんと現実化しています。

もちろん、マイナスに思っていた思い込みもありました。

東京で暮らしていた時代に、「ヒーリングすると患者さんの重いエネルギーを受けて疲れる」とマイナスに思い込んでいたので、定期的によく倒れていました。それはしかたないことだとあきらめていたのです。

ところが、沖縄に移住してから、ふと倒れていたのは、自分の「思い込み」が原因だったと氣づきました。

「私は、患者さんの愛と感謝だけ受け取ります！」とアファーメーション（＝宣言）したら、見事に疲れなくなり、倒れなくなりました。逆に元氣になって一日の診療が終わってから、夜もミニ講演会ができるようになったのです。

それからは、ヒーリングセミナーで、「ヒーリングした相手から重いエネルギーを受けるというのは、『思い込み』で引き寄せています。本当の癒しは自分も元氣になります」と解説するようにしています。

かなり多くのヒーラーや治療師たちが、このマイナスの「思い込み」を持っています。私もかつてはそう思っていたので、よくわかります。

# ゆるゆるワハハの人生

ちょうど、これを書いているときに、電話で親友から相談がありました。

毎日いろんな人の相談を受けて、重いエネルギーをもらって大変疲れている人からどうしたらいいかの相談をされたそうです。

それは、その人の「思い込み」を変えるのが、手っ取り早いことを説明しました。

「私は、人の相談を受けても重いエネルギーは受け取りません。愛と感謝だけ受け取ります!!」と宣言してみることをすすめました。

とてもタイムリーだったので、またここで紹介しています。

「人生すべて思い込み」なのです。

「思い込み」を変えることができたら、パッと魔法のように楽になります。

「ゆるゆるワハハの人生」になるのです。

カチカチに緊張していると、思いが重くなってなかなか現実化しにくい状態になります。

ゆるゆるにリラックスしているとうまくいきます。思いが軽くなるから変化しやすいのです。

ゆるゆるのときに、太鼓を叩《たた》きながら、「引き寄せの法則」を楽しく覚える歌を作りました。「引き寄せリズム」です。

全国の笑いヨガの人々が、活用してくれて、とても嬉しいです。


「人生すべて思い込み～

マイナス思えば、マイナス続く～

プラスを思えば、プラスが続く～　いつも笑って楽しい人生～

引き寄せ、引き寄せ、引き寄せ、引き寄せ～


望みの通り引き寄せる～

ルンルン氣分で引き寄せる～

言霊《ことだま》パワーで引き寄せる～

引き寄せ、引き寄せ、引き寄せ、引き寄せ～


私は天才！　私は健康！　私は完璧！

人生最高ブラボー！　ブラボー、ブラボー！　イェーイ！」


いかがですか？

元氣がいっぱい出てくるでしょう？

元氣になる言葉は、言霊《ことだま》と呼びます。

言霊を唱えると、自然に身体が熱くなります。免疫力がアップします。

今までのマイナスの「思い込み」がはずれて、新しいプラスの「思い込み」が潜在意識にインプットされます。

「引き寄せの法則」についての本をたくさん読んで、そのエッセンスを歌にしています。

ですからこれを唱えれば、一氣にあなたの「引き寄せの力」が何倍にも強くなるのです。

どんどん「引き寄せの法則」を活用して、ルンルン氣分で望みの通りに引き寄せていると、次の段階に飛びたくなってきます。

この3次元世界で、いろんな夢の実現を果たしてくると、見えない世界や宇宙に興味が出てくるのです。人生ゲームとして、次のステップにバージョンアップする感じです。

それは時空で遊ぶことです。3次元から意識が飛び出すことです。見えない世界、スピリチュアルな世界に興味が出てきて、そこに意識が向くようになるのです。

そろそろ「引き寄せの法則」を理解した人々が、次の宇宙法則に氣づくようになりました。それで、「パッと選んでぶるぶる〜」＝「選択と共振の法則」がクローズアップされました。

これであなたは、宇宙の法則の「引き寄せの法則」と「選択と共振の法則」の両方を使えるようになります。

ブラボーです。

宇宙法則をどんどん理解して、宇宙を味方につけましょう！

パッと選択〜ぶるぶる〜引き寄せ、引き寄せ〜。

パッと選択〜ぶるぶる〜人生最高ブラボ〜！

すべてが流れるように、体験したいことを引き寄せて、深い喜びを感じています。

## 過去生療法は、パラレルワールドとつながります

最近、過去生療法が、パラレルワールドとリンクしていることに、感動しています。

過去生療法をすることで、人生のしくみが解明されて、なぜ今の人生でこの現象を引き

寄せているのか、そのもとになっている過去生の謎解きをしていきます。その謎解きができると、「選択と共振の法則」が働いて、一瞬で住む世界が変わって、ルンルンになるのです。

クリニックでの最近の例を紹介しましょう！

夫婦仲がこじれて離婚寸前の状態で、奥様のほうが相談にみえました。せっかく過去生の悲恋が成就して結婚できたのに、まだ意識が結婚していなかったので、「離婚する前にちゃんと結婚しましょう！」とアドバイスをしました。

実際に実家にいることが多くて、結婚の意識が薄かったことに氣づきました。

しばらくして、今度はご主人が、初診にみえました。

「啓子先生、先日は家内がお世話になってありがとうございました。てっきり離婚と覚悟していましたが、『まだちゃんと結婚していないので、まずは結婚をしましょう！』と言われて、納得しました。なんと2人で結婚の写真を撮りました」と写真を見せてくれました。

それは、ウエディングドレスの奥様をお姫様抱っこしているタキシードのご主人の写真で、満面笑みが素敵でした。

お2人は籍を入れただけで、まだ結婚式をしていませんでした。まだ意識が切り替わっていなかったのです。

離婚騒動が一転して、新婚モードに変わってしまいました。

一瞬で人生が大きく変わったのです。

過去生の謎解きが、思いを変えるヒントになりました。過去生療法が、パラレルワールドにリンクしていると、しみじみ思いました。

私たちは、思いで好きなように人生を変えることができます。

もう一つのケースです。

夫に手がかかって困っているという女性が来院されました。過去生で息子でしたが育てられずに、今生で再育児をしていることを話したら、びっくりしながらも大納得されて、まるで氷河が溶けるように、悩みが解消しました。

「びっくりです。自分は母親ではないのに、甘えてくると思っていましたが、昔は母親だったのですね！　理由がわかると腑に落ちて、悩みではなくなりました。逆に愛おしくなってきました。もう大丈夫です！　本当に来てよかったです！」とニコニコ笑顔で、目もキラキラと輝いてきて、若返って見えました。

一緒に付き添ってきた娘さんも、結婚が決まって嬉しい報告でした。クリニックでの診療のあと、長年付き合ってきた男性との関係性の謎解きをしたら、そのあと、すっきり別れることができました。

その後すぐに、まるで別のタイプの男性と出逢って、あっという間に結婚できたそうです。幸せいっぱいの笑顔に感動しました。

「信じられないくらい、落ち着いて、今とても幸せです！」

彼女が幸せな人生の流れに、パッと切り替えるためのお手伝いができて、私も幸せです。

光に帰った母の名言があります。

「結婚は、はずみでするものよ！」です。

はずむとは、あまりじっくりと考えないで、直感で、パッと選んでＯＫということですね！　婚活中のあなた、はずんでみませんか？

人生はそんな甘いものではない、現実は厳しいのだ〜という声が聞こえてきそうです。

その人の人生は、とても厳しく甘くない流れになっています。人生は厳しいと思っているからです。

「人生のしくみ」がわかってくると、自分の思いが人生を創っていることに氣づきます。

**過去生療法で、今の状態の原因が謎解きされて、今の状態を受け入れることができると、パッと違う流れをつかんで、一氣に人生を変えられるのです。**

あっという間に住んでいる世界が変わります。

実際に、過去が変わってしまうのかもしれません。過去が変わることで、未来も変わります。懐かしいアメリカ映画『バック・トゥ・ザ・フューチャー』でも、主人公の選択を変えたことで、未来が大きく変わりましたね。

パラレルにいろんな人生があって、選べるようになっているのが「人生のしくみ」なのです。

## 時の流れは自由自在です

過去だけでなく、未来との行き来も可能です。

サウンドヒーリングセミナーに出て、フィボナッチの施術を受けたときに、過去と未来に意識が飛びました。明るい未来のイメージを見たときに、聞きなれない声で、「地球が大丈夫だということをみなさんに伝えてね！　それが啓子の役割だから！」と聞こえてきました。

思わず、「あなたはどなたですか？」と聞いたら、「私は未来のあなたです！」とびっくりの返答でした。

ちょうど、YouTubeで、「本当にあった君の名は。」を見つけました。

26歳の彼は、6年前にも会ったことがあって、そのときにも、26歳だったそうです。「もうすぐ今の婚約者とは別れるけど、笑っていてね！　〇年〇月〇日にまた会うから」と伝えて、「今日でもうお別れなんだ、僕は未来から来たんだ〜」と言っていたそうです。本当に6年後に彼に会うのですが、前に会ったことは忘れていたのです。

びっくりな話ですが、もしかしたら、記憶が薄れているだけで、私たちみんなにありうる現象かもしれません。

時間もゆるゆるで、ねじれたり、重なったり、自由自在です。時間の密度も人によって違っています。

同じ人でも日によって密度が変わります。

話したいことがたくさんあるときは、セミナーの時間の密度が濃くなって、時間変容が起こり、いくら話しても時間が過ぎていかなくなり、ほっとしています。時間論については、自著『今が、ベストタイミング！』（大和書房）を参考にしてくださいね！

アメリカのテレビドラマ「まほうのレシピ」にはまって見ましたが、そこにも「やり直しだよ人生はピリ辛シタビラメ」を作って、一日を何度もやり直すときがあります。そのたびに、進化・成長していくのです。

私たちは、それを生まれ変わることでやり直しています。
実は、映画『君の名は。』の中の歌で、RADWIMPSの「前前前世」という曲のびっくりの歌詞にひっくり返りました。

「～はるか昔から知る　その声に
生まれてはじめて何を言えばいい？
君の前前前世から　僕は君を探し始めたよ～
そのぶきっちょな笑い方をめがけてやってきたんだよ～
君が全然全部なくなって、チリヂリになったって
もう迷わないまた1から、探し始めるさ～
むしろゼロからまた宇宙を始めてみようか～」

まるで、過去生療法のテーマソングかと思ったほどです。前前前世から、探し始めてくれたなんて、素敵です。感動です。見えない糸を感じます。縁の不思議を奥深くから感じられます。
「ゼロからまた宇宙を始めてみよう」というすごい詞にびっくりです。意識がぐんと広が

って、大きくなり、宇宙とつながります。この映画を見ただけで、意識変革が確実に起きるでしょう。

私たちは、壮大な宇宙の中で、ソウルメイトと何度も再会しています。

未来の自分が過去の自分を助けにきてくれることもあります。

だんだん意識が自由自在に動けるようになると、それだけ不思議な出来事が多くなり、自由自在に変化していきます。過去に生まれ変わることも可能でしょう。

もちろん、リセットも可能です。

なんて、壮大な宇宙のしくみと、出逢いの奇跡を感じる詞なのでしょう！

作詞・作曲した野田洋次郎さんも、素晴らしい魂さんです。

新海誠監督が、RADWIMPSのファンで、映画音楽を担当してほしいと依頼したそうですが、野田洋次郎さんのほうも、新海監督の最初の劇場公開作品『ほしのこえ』からずっと作品を見ていたという、お互いが「引き寄せの力」を発揮しました。

映画の中の三葉のお祖母さまが、「結び」について、深い話をします。

新海誠著、『小説　君の名は。』（角川文庫）で確認しました。


「糸を繋げることもムスビ、人を繋げることもムスビ、時間が流れることもムスビ、ぜんぶ、同じ言葉を使う。それは神さまの呼び名であり、神さまの力や。ワシらの作る組紐も、神さまの技、時間の流れそのものを顕しとる」

さらに、「時」を見事に表しているせりふがあります。

「よりあつまって形を作り、捻じれて絡まって、時には戻って、途切れ、またつながり。それが組紐。それが時間。それがムスビ」

とても深い表現ですね。

もう一つ、三葉のお祖母さまのせりふですが、いろんな謎解きに大切な言葉なので紹介します。

「知っとるか。水でも、米でも、酒でも、なにかを体に入れる行いもまた、ムスビと言う。体に入ったもんは、魂とムスビつくで。だから今日のご奉納はな、宮水の血筋が何百年も続けてきた、神さまと人間を繋ぐための大切なしきたりなんやよ」

神さまに捧げる、水、米、酒などの意味がムスビにあったのだと、しみじみ感動しました。神と人をつなぐための大切なものを神棚やお祈りの場に捧げていたのです。

歌や楽器の奏でる音も奉納されます。

魂がそれ自体響きなので、音によって、響きが変わり本来の自分の響きを思い出して、さらに美しく奏でられるようになるのです。

音に愛が込められると、音霊《おとだま》になります。

ちょうど、この本を書いているときに、アーススクールをやっていて、スクール生からミニハープのプレゼントがありました。

とても繊細な美しい音がします。ポロロンと音を弾くたびに宇宙とつながる氣がします。

弦の音に、ヴォイスヒーリングを乗せると、音霊になります。

ライアーという竪琴《たてごと》にも惹かれます。ライアー奏者の池末みゆきさんとの講演会で、瞑想のときに、即興でヴォイスヒーリングとライアーでコラボしてみたら、予想以上に氣持ちがよくて、今までにない美しいヴォイスヒーリングができました。お互いに相手の美しい響きを引き出し合うような感じでした。

**響きが響きを呼ぶのです。愛が響き合い、音霊になって宇宙に届きます。**

**響きが時空を越えていく橋の役目をしています。**

**どんな音でも、どんな声でも、時空を越えて橋渡しをする響きは、魂を結び、時をつなぎ、自由自在にしてくれるのです。**


あなたの魂も響いていますか？

どんな魂と響き合いますか？

うまく響いたときに、喜びがふつふつとわいてきます。

言霊と音霊を響かせて、愛で宇宙とつながります。

自然に、いつもツイている、人生の達人になっています。

氣持ちよく魂を響かせましょう！

宇宙と愛でつながりながら、縁のある魂と愛でつながりながら、あなたの美しい響きが宇宙に届きますように！

# 第2章

# 宇宙とつながる生き方

# すべてあなたに必要なことが起きています

これから、地球にいる私たちは、ひたすらまっすぐに平和な方向へと向かっています。自分たちも含めて、みんなが幸せになる流れが起きているのです。

私たちは、日常生活の中で、いろんなハプニングやトラブルが起きると、「どうしてこんなことが、私に起きたのかしら?」と表面的なマイナス面をすぐに感じて、ちょっと被害者的な思いが込み上げてきます。

**ところが今、目の前に起きていることは、必ずあとからもっと幸せになるために必要なことなのです。社会全体としても、進化・成長して、もっと幸せになる方向に向かっているのです。**

最近の講演会やセミナーで、「今、目の前にあることは、マイナスに見えるかもしれませんが、あとから考えると、自分が進化・成長するためには、必然だったことがわかります」と右手の指を広げて、目の前にかざし、それをぐ〜んと伸ばして、「はなせばわかるのです!」と「離せば」と「話せば」をかけて、笑いをとりながら、解説するようにしています。

振り返ってみると、なぜそのような出来事が起きたのかが、あとから本当にわかってくるのです。

実は、「人生一切無駄なし！」なのです！

このことを意識するようになると、日常生活が変わってきます。

ハプニングが起きても、前のように動じなくなるのです。そして楽しくなってきます。心地よくゆったりとした、あわてない自分が生まれてきて、そういう自分が頼もしく、そして楽しくなってきます。

「大丈夫！　このハプニングは、何か素敵なことに変わる前触れかもしれない。しばらくどのような流れになるか様子をみよう！」というあわてない自分とわくわく楽しみにしている自分を発見すると、笑顔さえ出てくるでしょう。

今まで、あわててパニックになっていたあなたを知っている人は、びっくりすると思います。「どうしたの？　大丈夫？　いつものあなたと違うわ！」とかえって心配されるかもしれません。

あるいは、穏やかになったあなたに、どうしたらそうなれるのか、その秘訣を聞きにくるかもしれません。

そのときは、ぜひ伝えてあげてください。

「これは、絶対にもっとよくなるためのハプニングよ！　どのような展開になるかを見ていましょう！」と余裕で答えてあげてください。

穏やかで、いつもにこにこ笑顔な人々がまわりに増えてきます！

笑顔人口が増えることが、ずばり平和な状態なのです。それが、自分のまわりの環境を穏やかな波動に変えることになって、ますます「平和で調和のとれた世界」＝ユートピアになってくるのです。

実は、平和な世界を創ることとは、些細《ささい》でも大切な意識変革の積み重ねによるのです。あなたの笑顔がまわりを平和なユートピアにします。

マザー・テレサさんも、「まず笑顔が愛の第一歩です！　微笑《ほほえ》みかけてください！」とおっしゃっています。

宇宙一の夫を産んで育ててくださったお姑《しゅうとめ》さんが、生前私のことを「小さくて明るい笑顔の素敵な啓子ちゃん！」と呼んでくださっていました。

歌が上手で、沖縄の民謡の「てぃんさぐぬ花」や「芭蕉布」をよく歌ってくださいました。笑顔を思うときに、思い出します。

笑顔でいると、必ず前に進みます。

笑顔でいると、必ずいいことを引き寄せます。

笑顔でいると、自然界が反応して、いい香りがしてきます。

笑顔でいると、連鎖反応が起きて、まわりの人も笑顔になります。

これから、すべてのことは必然で起きている、必ずいい方向に進むと思ってみませんか？

この思い方は、笑顔を引き出し、氣持ちを穏やかにし、平和へと導きます。

それで、沖縄に移住してから17年間、ずっと「すべてはうまくいっている！」という魔法の言葉を唱えながら、カニのように横歩きをする、「カニ踊り」を広めてきました。

クリニックでの診療の最後には、バンザイテラスで海を見ながら、元氣よく解放記念のバンザイと、「カニ踊り」を伝授するようにしています。

患者さんと一緒にいらした家族の方々も、バンザイと「カニ踊り」には、参加してもらっています。だれもが笑いながら、やってくれます。青空や海に、そして宇宙に、元氣な声が響き渡ります。月桃の葉やサンダンカの花も反応して楽しそうにぶるぶると揺れます。

自然界もバンザイと「カニ踊り」が大好きです。

講演会やヒーリングセミナーのあとでも、みんなでカニ踊りをしています。

とてもおめでたい世界観ですが、これが本当に地球の生活を変えていくのです。たくさんの人々が、明るく笑顔になれば、地球全体の波動が一氣に上がって、すると次元上昇のアセンションが可能になるのです。

## 面白がるチャンネルにスイッチを変えましょう

すでに、今パラレルに5次元の新しい地球ができています。ピカピカに光り輝いている地球です。そちらに、どんどん先にアセンションした魂さんが移動しています。

では、どうすれば、移動できるのでしょうか？

光と同じ波動の高さになれば、大丈夫です。簡単に移行できます。

日常生活で起きるハプニングは、過去生で遣《や》り残したことの続きや、解放するチャンスがなくて、そのとき潜在意識に保管していた感情を、ベストタイミングに出して解放しているのです。

だから、深く「人生のしくみ」を読み解いていくと、本当に「すべてうまくいっている」のです。

これを言い換えれば、「人生一切無駄なし！」です。

素晴らしいパワーのある言葉＝言霊です！

自分の世界観にこれを入れてしまえば、すべてのことを必然として受け入れることができるので、悩むことがありません。今起きている現象をまず何も判断しないで、そのまま受け入れることができます。ハプニングが起きても動揺しなくなります。にこにこ笑顔で「大丈夫よ〜　もっとよくなるわ！　深い魂レベルで、もっと幸せになるのよ！」と平静に受け止められます。

もし、何かが起きて、不安になったら、ぜひ面白がってみてください。

**不安を続けると不安が強くなり、やがて恐怖になり、いっぺんに波動が下がってしまいますが、「不安がる」ことをやめて、チャンネルを「面白がる」ことに変えると一氣に波動が上がります。**

「おお〜、そうきましたか!!」

「これから、どう展開していくのでしょうね〜びっくりですね〜どうなるのか楽しみですね〜」

と少しオーバーに反応して、できるだけジェスチャーをつけて、俳優か女優か、実況中継をしているアナウンサーになった氣持ちになりましょう！

人生は舞台なのです。

私たちは、それぞれが自分の人生の舞台の主人公です。

お互いに和氣藹々《わきあいあい》と、脇役をやって盛り上げていきます。

その舞台を盛り上げるために、悪役も必要なのです。

素晴らしい人格の方が、昔陰陽師だった霊能者に傾倒してしまったときも、その人が救世主だと思い込んで、いくら注意しても、自分の世界の舞台からなかなか降ろそうとしませんでした。

ところが、あることがきっかけで、「神が怒っておる、おまえの我《が》のせいじゃ～」など罵詈雑言《ばりぞうごん》を浴びせられて、見事に自分から綺麗に縁を切ることができました。

「触らぬ神にたたりなし」をそのままを体験して、ようやく目が覚めたのです。悪役スターの霊能者の方に大感謝です！

「自分には、神のお告げがこない、自分の第三の目は閉じていて、霊能者に聞いてみないと何もできない」と強く思い込んで、自分の人生の舞台に引き寄せてしまったのです。

「自分にもわかる、直感で大丈夫！」と思えるようになると、自然に霊能者と縁がなくなってきます。内なる宇宙からのメッセージを自分で受け取れるようになるからです。

長い間、私たちは、自分は無力だと思い込んできたので、その強靭《きょうじん》な思い込みをはずすには、かなりの体験がないとはずれにくいのです。

何事も自分で体験しないと納得しません。それぞれに体験が必要なのです。

あなたのまわりにも、似たような状態の方がいませんか？

一生懸命に忠告しても聞き入れないときには、静かに見守ってあげてください。見守ることも愛の表現です。

自分で氣づいて納得するまでは、その方に体験が必要なのです。

ブータンの国王ご夫妻が、東日本大震災のあった年に来日し、被災地を訪問してくださって、小学生たちに素晴らしいお話をしてくださいました。

「心の中に龍を育てましょう！」

子どもたちから質問がありました。

「龍のえさは何をあげたらいいのでしょうか？」

ブータン国王が、「体験です！」とすぐに答えてくださいました。

それを聞いて、とても深い教えに感動しました。

命あるものすべては、体験で進化・成長しているのです。

地球人類全体としても、大きな体験をしています。

これからさらに、どんな体験をしていくのでしょうか？

わくわく、ルンルンですね！

## 地球と対話してみましょう

前述したように、宇宙を創っているのは、私たちの「思い」です。

それが集合体になって、今の地球があります。

意識がイメージを作り、それが立体になって、しっかりと3次元世界に映し出されます。

いったい地球で何が起きているのでしょうか？

それは、アセンションと呼ばれる「次元上昇」の体験です。

3次元から一氣に5次元の世界に変わろうとしているのです。

これは、地球始まって以来のことではなく、なんと7回目のチャレンジだそうです。何度もチャレンジして、今回こそは、成功することになっているのです。

えっ、結果がハッピィエンドなんて、つまんない～？

ところが、プロセスがいろいろあって、なかなか飽きないような流れになっているのです。3度目の正直ではなく、7回目の現実化です！

これは、アメリカのアリゾナ州で平和に暮らしているネイティブ・アメリカンのホピ族の「予言の岩」を守っている首長からも直接聞くことができました。

「これから地球人類の7回目の世直しが始まる。天変地異も起きる。社会も変わる。今回で人類は次のステップに進める、いよいよだ！」

以前にも、徳間書店さんから、「アセンションについて書いてください！」と依頼されて、自著『光の時代がはじまりました』を書かせていただきました。

今回は、もっと先の、アセンションしたら、どうなるのかを具体的に書いてほしいとのリクエストでした。

「私は預言者ではないし～、直感タイプだし～、どうしましょう？」

と思っていたら、ツインソウルの相棒から素敵なアドバイスをもらいました。

「あら、直接地球さんに聞けば～？」

と、びっくり、あきさみよ～です。

「そんな本はいまだかつてないかも～いいかも～。でも果たして、こんな小さな私が大きな巨大な惑星、地球の意識体と話ができるのかしら？」と表面意識はとまどいましたが、面白そうなのでやってみたくなりました。

地球さんへのインタビューをしてみたいと思います。

**私**「こんばんは！　地球さん！　いつもありがとう！　自転、公転ごくろうさまです」

**地球さん**「あら、話しかけてくれて、ありがとう！　人からなかなか話しかけられないので、嬉しいですね～」

**私**「最近、２万６０００年ぶりに、地軸を変えているようですが、調整が大変ですか？」

**地球さん**「全然大丈夫です～。慣れていますからね！　ただ、地表にいる人々をびっくりさせないように少しずつ変えているので、その微調整がちょっとね！　一氣にやるとみんなをびっくりさせますからね！」

**私**「あの～地球の中は空洞で、シャンバラがあるのですよね？」

**地球さん**「はい、もちろん！　やっと最近それを話題にする人々が増えているみたいで、嬉しいです！」

**私**「シャンバラには、５歳のときに意識で行ったことがあるので、なんとなく理解できますが、とても穏やかで平和なところでした。

チベットのポタラ宮殿の地下から入りました。寒いかと思ったら、暖かくて、とても明るい感じのジャングルにマンモスがいました。大きな牙《きば》を触ったら、長い鼻で頭に乗せてくれて、鼻を滑り台のようにして遊んだ記憶があります。

愛知県での『愛・地球博』でマンモスのミイラを見たとき、とても懐かしくなりました。シャンバラは、緑が輝いていて、花は大きく果物も巨大で甘くて美味しかったです」

地球さん「シャンバラは5次元の光の世界です。チベット語で理想郷の意味です。いろんな世界があります。４ｍ以上の大きな人々もいれば、啓子のように小さな人々もいます」

私「シャンバラから宇宙船に乗って、マゼランに行ったことがあるのですが、飛んで移動するというより、位置するという感じでした。瞬間移動でした。地球の中の世界から多次元宇宙につながっているのですね！」

地球さん「そうです。太陽系は3次元の地上と5次元の地下の世界からワープして広い多次元宇宙につながっています。地球の地上にいる人類もだんだん氣づいてきて、これから交流が始まるので、楽しみです！」

私「みんなが心配しているので、代表としてお尋ねするのですが、地球が滅亡したりしませんよね？」

地球さん「もちろん、しません！　変容するだけです。それに合わせてついてきてください！　きっと住みやすい最高の惑星に変容できますよ！」

**私**　「それは、とても嬉しいです。すっきり、ほっとしました。天変地異は最小限に抑えられますか？」

**地球さん**　「もちろんです。そのためにいろんな配慮をしています」

**私**　「ありがとうございます！　今地球にはいろんな宇宙人が住んでいますか？」

**地球さん**　「もちろんです。啓子のまわりにも、いろんな星からきた宇宙人がいっぱいいます。とても個性的です。宇宙人かもしれないと思って見るとかなり多いことがわかります。地球は宇宙ではかなり注目されています。どのように変容するのか、興味津々なのです。一緒に素敵に変わりましょう！」

**私**　「その中に、シャンバラ人もいますか？」

**地球さん**　「そうです。クリニックにも、以前シャンバラ人だった生まれ変わりの人がきたでしょう！　ありとあらゆる魂が集合しています。だから多種多様な人々がいるのです。まるでお祭りのようです。だから楽しんでください。歌って、踊って、楽しいエネルギーをどんどん増やしてくださいね！　楽しい喜びの歌や踊りが増えれば、平和と調和への道は加速します」

**私**　「それは得意なので、おまかせください。これからも続けていきます。

何かしてほしいことはありますか?」

**地球さん** 「地球の平和の祈りは、とても嬉しいです。ぜひ広めてください。この本を必要な人々に届けてくださいね! 面白い本になりますよ!
いろんな人々が新しい地球のために頑張ってくれています。嬉しいです。それぞれのやり方で、愛を込めてできることをしてください」

**私** 「ありがとうございます。これからもよろしくお願いします」

**地球さん** 「こちらこそ、またぜひ話しかけてください」

ということで、地球との対話ができました。びっくりです。自分の内的な対話なので、本当にできているかは確認できませんが、私の宇宙の中では、こんな感じでできました。
あなたもあなたの宇宙の中で、地球の意識さんと対話してみてください。あなたならではの、インタビューのやり方で、別の情報を引き出すことができると思います。
地球との対話をすすめてくれたツインソウルに、対話の内容を伝えたら、
「ずいぶん、真面目に話しかけているのね! もっとカジュアルに聞いてみたら? 地球さんを地《ち》ーちゃんとあだ名で呼んで、『わくわくする惑星は何ですか?』って聞いてみて! ちーちゃんに、啓子ちゃんのことをどう思っているかも聞いてみて!」

とびっくりのコメントが返ってきました。

「えーーーーっ、地球さんを、ちーちゃんと呼ぶの？　わくわくする惑星ってそれじゃギャグみたいじゃやない？」

でも、ちーちゃんから、笑いの振動とともに、

「もちろん、わくわくする惑星は、地球ですよ！　だからいろんな銀河や惑星からたくさんの魂さんが集まってきているのです！　啓子は、もちろんとても面白い意識体です！」

と、真面目な答えが返ってきました。

びっくりの会話が筒抜けだったみたいに、すぐにコメントがありました。「面白い魂」ではなくて、「面白い意識体」という表現にびっくりしました。

あなたも、地球との対話に驚かれたと思います。

私自身も、驚いています。

**万物すべてには、意識があります。対話をしようと思えば、必ずできるのです。それによって、解決することがかなりあります。**

育てている花や野菜や木々たちにも、話しかけると喜んでそれに答えてくれます。生き生きと元氣に育ってくれるのです。対話自体にエネルギーが交流して渦《うず》になって、パワーアップするからです。そこには必ず愛が介在するので、宇宙の愛のエネルギーも反応して、

さらなるパワーアップが生み出されます。

無機物に見えるものも、仕事で作っている機械、自動車、船、家具、家でさえ愛を込めて対話しながら作ると、愛と宇宙エネルギーがあふれて、それは優しい素晴らしいものにでき上がっていきます。

ぴんときたら、氣になる存在と、ぜひ対話してみてください。

きっと、びっくりするような話を引き出すことができると思います。

これからの新しい地球は、すべてのものとの対話の世界になります。

まるで、メルヘンのような世界ですが、それが夢のように現実化していくのです。楽しみですね！

ここまで書いてきたら、素敵なことが起きました。

２０１６年の9月30日に、近くの海辺に行ったら、いつもとすっかり変わっていて、透明な美しい海が輝いていました。空も美しい青で、木々の葉も輝いて見えました。

まるで、映画『君の名は。』の輝いている風景に似ていて、ここだけかと思ったら、八ヶ岳高原に遊びに行った親友も、「自然界がいつもよりとても輝いて見えるの！」と美しい写真をたくさん送ってくれました。

海や山だけでなく、那覇市に移動する車の中からも雲の間から見える太陽の光がいつもより強く虹色に輝いて、感動のあまり何度も写真を撮りました。

さらに、感動を他の人々にもシェアしたら、同じ日に、何年もやっている老人ホームのイベントが例年よりも盛り上がって、感動が大きく深くみんなが素敵な笑顔で、あまりにも心地よくて、みんな帰りたがらなかったと嬉しそうに話してくれました。自然界の景色だけでなく、人々の氣持ちも幸せ度が格段に増しています。

これは、私たちが住む世界の次元がアップしたのではないかと感じて、フェイスブックに書いてみました。皆さんからのコメントには、「カチッと何かが変わった感じがした」という人、清々《すがすが》しいすっきりとした感覚の人、スピリチュアルな夢を見た人などがいました。

人によって、住んでいる世界、宇宙が違うので、なんとも言えないですが、すべてが輝いていて、美しい世界に変わるのは、幸せなことです。

思っていたことが、すぐに叶うときを、いよいよ迎えているのだと思います。

## 太陽系の星との対話でわくわくします！

思っていることが叶うなら、勇氣を出して、大好きな太陽系の星とも対話してみたいと思いました。

例によって、とっても明るいツインソウルが、「木星さんをもっくん、土星さんをつっちー、金星さんを金ちゃん、と呼んで対話してみたら？」と、またまた爆弾発言がきました。

「じゃ、太陽さんは、サニーなんてどうかしら？　ハニーみたいでいいわね〜」と、私も調子に乗ってしまいました。

地球さんも大きいのに、さらに太陽は地球の約１０９倍、木星は地球の約11倍、土星は地球の約９倍、金星は地球よりちょっと小さめです。

でも、自分とは肉体の大きさではなく、意識の広がりなので、可能かもしれません。ちょっとやってみます！

**私**「太陽さん！　サニーって呼んでもいいかしら？　返事してくれるかしら〜？」

サニー
「太陽ことサニーです！　名前は何でもいいのですよ！　太陽と呼ぶのも日本人だけだし、英語では、ＳＵＮ（サン）と呼ばれています。意識が私に向けられていれば、もちろんすぐに氣づきます。小さいと言っても、意識は宇宙に広がる広大無辺の存在なので、とても大きいのですよ！　すべてはつながっていますから」

私
「本当に即答でサニーさんのお返事をもらって、嬉しいびっくりです。
いつも、サニーさんから素晴らしい光をいただいて、地球でのたくさんの命が生きています。ありがとうございます！」

サニー
「それは嬉しいです。こちらには、啓子の大好きな岡本太郎さんも戻ってきていますよ！　あとから敏子さんもきています。啓子もそのうちくるのでしょう？　まだ、地球でやることがいろいろあるけれど、楽しみに待っています」

私
「はい、ありがとうございます！　嬉しいです。やはり太郎さんは、大きな『太陽の塔』を創っただけあって、太陽に戻っているのですね！　敏子さんに、私の母が作った『太陽の塔』の着ぐるみを見せたかったです。講演会やスクールで、『太陽の塔』の着ぐるみや太陽の女神の衣装を着たりして、笑い療法をしています。私も地球でのミッションが終わったら、そちらに伺います。お会いできるのがとても楽しみです！

ところで、太陽の表面は、６０００〜７０００度ではなくて、26度と聞いたのですが、本当ですか？」

サニー「はい、みなさんが過ごしやすい26〜27度です。地球と同じように、大陸も海もあります。一部の地球人たちは、すでに知っているはずです。ただ公表しないだけです。私は燃えている星のように見えますが、実際に表面に降り立つと、燃えていなくて、ちゃんと地球と同じような環境があります。だから、太陽にきても、あまり違和感がなく過ごせますよ！　待っていますね〜！」

私「ありがとうございます。今までの疑問が晴れて、すっきり納得しました。嬉しいです。ちょうど46年ぶりに、太郎さんの『太陽の塔』の内部のオブジェ『生命の樹』が報道陣に公開されました。修復されて、２０１８年3月には、一般公開されるそうです！」

サニー「それは素晴らしいですね！　『太陽の塔』が壊されずに残されたことも嬉しいです。さらにまた話題になるのも嬉しいです。その都度、太陽のことに意識を向けてくれるからです」

私「ハワイのナシムさんという科学者の動画で、太陽がスピンしながら、ダイナミックにフルスピード（70,000km/hr）で、地球を含む惑星たちも太陽のまわりをスピンしながら追いかけているのを見ました。実際もあのままですか？」

サニー「もう一つ、さらに大きな視点の動画があったように、太陽は一直線に進むのではなく、銀河のまわりをさらにスピンして回っています。宇宙はすべてスピンの動きで成り立っているのです。啓子のスピンスピンの歌の通りです。あの歌はシンプルで、リズムがぴったりです」

私「ありがとうございます。確認できてよかったです。これからのアセンションで、スピンの動きにも変動がありますか？」

サニー「多少はあります。でも銀河レベルの大きさにおいては、大差ありません。細胞レベルでも、銀河レベルでも、ゆるゆるの余裕があります。すべて相似象にできています。太陽系もゆるゆるの部分があって、ちょうどこのタイミングで角度や速度を変えたいと思っている思いが一致しています。すべてはちょうどいい感じで変化しているのです。みなさんの肉体も相似形になっています。心臓は太陽とつながっています。いつもパワフルに燃えているのでガンにはなりません。大丈夫です！」

私「それは、嬉しいです。やはり、古代神代文字のカタカムナで表現しているように、宇宙は相似象なのですね！　これも太陽での文明で、似ている文字がありますすか？」

サニー「もちろんです。太陽神（＝太陽人）が降り立って、伝えたものです。しかも太陽からでなく、宇宙の根源から生まれ出たものです。宇宙の根源の形としての円や丸十字が文字になっています。太陽神（＝太陽人）も地球の各地で太陽信仰として大切にされて、太陽に意識を向ける生活をしてきました。魂が宇宙の根源とつながっていることに目覚める応援として、太陽から派遣された太陽人なのです。啓子も太陽人です。だから太郎さんの『太陽の塔』に感動して、自ら『太陽の塔』になりきっています。今の人生を終えたら、太陽に帰りたいという氣持ちになっているのも、太陽出身だからです。戻ってくるのを楽しみにしています」

私「私も太陽人だったのですね！　そうではないかと思っていました。だから今回の人生を終えたら、太陽に寄ってから、懐かしい銀河に帰りたいと思ったのでしょうね！　納得です。こうやって自分の中の宇宙から氣になる存在と対話することで、するすると答えが出て、嬉しいびっくりです。これからもよろしくお願いします」

サニー「もちろんです。こうやって、太陽とも対話できることを知ったら、たくさんの人々が共感して、さらに世界観が広がっていきます。また対話してみてください」

びっくりの展開のあと、太陽系の他の惑星とも話してみました。
まずは、もっくん、木星＝ジュピターと対話してみます。ジュピターは、平原綾香さんの歌で有名になりましたね。

**私**
「もっくん、ジュピターさん、対話できますか？　どれだけあなたの歌でたくさんの人々が励まされていることか、今もたくさんの人々に愛されています。この歌で、あなたの存在が日本ではとても大きいのです。イギリスのホルストさんが作曲した交響曲『惑星』から生まれていますが、ご存じですか？」

**ジュピター**
「もちろん、対話オッケーです。ジュピターの歌も知っています。
ホルストの『惑星』の曲も、聴いています。ホルストさんも太陽系の特徴をよくとらえていて、素晴らしいです。私の特徴もよくとらえています。
太陽系は、人類の各臓器とつながっているので、意識すると各臓器も活性化しますよ。私を意識すれば、肝臓が元氣になります。金星が腎臓に、そして土星がスピリチュアルに大切な脾臓《ひぞう》につながっています。もちろん、太陽は最も大切な心臓とつながっています。私たち太陽系の惑星がこの3次元に確実に存在しているのは、それがあなた方の臓器と相似形につながっていることに関係しています。これを解説してくれたのは、ドイツのシュタイナーさんです」

私
「まさか、ジュピターさんから、シュタイナーさんのことが語られるとはびっくりです。シュタイナーさんの意識が今また地球全体に蘇って、優しく力強く応援してくれています。人生のしくみや宇宙のしくみを解説してくれた貴重な存在です」

ジュピター
「シュタイナーさんの意識は、太陽系が3次元に誕生したときから関わっています。それで、深くしかも全体をとらえて解説ができるのです。

2015年が火の年で、火のエネルギーが強く、地球でも世界中の火山が噴火しましたが、ここでも巨大な火山が噴火して、火のエネルギーが強くなっています。

相棒の火星は、肝臓の相棒である胆嚢《たんのう》とつながっています。

どうか、自分たちの肉体の中の臓器と私たち太陽系がつながっていることをぜひ知らせてくださいね。それによって、魂の器である肉体が宇宙から借りているものだと、もっと理解できて、大切に扱ってくれると思います」

私
「了解しました。この本を通じて、みなさんにしっかりと伝えていきます。

「ジュピターさん、ありがとうございました！」

ジュピターさんから、シュタイナーの話が出てびっくりして、ちょっと調べたら占星術などでも、水星が呼吸に大切な肺とつながっていました。

私たちの身体の大切な臓器が、太陽系とリンクしていたとは、本当にびっくりですね。思いがけない流れになったので、ついでに大好きな金星とも対話してみたいと思います。

**私**「金星さん、お元氣ですか？　お久しぶりです。あなたのところで学んだエンターテイメントの感覚を今最大活用しています。クリエイティブスクールで自分の人生のテーマにつながるミュージカルを作って演じながら、人生の解放をしています。ディズニーランドは、金星からの流れですよね？　ディズニーさんは金星に帰られていますか？」

**金星**「はーい、お久しぶり〜！　地球で活躍していますね！　金星人だった設計士さんの縁で、金星らしい建物、天の舞・海の舞を創りましたね！　形にすることは、素晴らしいです。これからが楽しみです。

もちろん、ディズニーさんは、金星に戻ってきています。さらなる壮大なクリエーションを楽しんでいますよ！　地球でディズニーランドは、たくさんの人々を癒していますね！

特に金星にいたことがある魂さんには、金星の雰囲氣を思い出して懐かしいはずです。これからも地球とは兄弟星として、交流したいと思っています」

**私**「そちらから派遣された女性、オムネク・オネクさんの本も活用しています。まだ本人にはお会いしていないのですが、これから地球も金星のように5次元にアセンションしますので、会ってみたいです」

**金星**「他にもたくさんの金星人が地球のアセンションを応援するために派遣されています。日本にもたくさんいるので、すでに会っていると思いますよ！

金星にいたときを思い出して、人生を思い切り好きなように楽しんでね！」

さすが金星さんは、明るくて軽やかです。やはり、大好きです。懐かしいです。天の舞と海の舞のことも知っていてくださって、とても嬉しいです。

自分の中の宇宙の太陽系の金星さんなので、知っていて当然なのかもしれませんが、どうしても宇宙がまだ外にあるという思い込みが強くて、こうやって内的に対話できていること自体もまだ半信半疑です。

瞑想のときに、みなさんも好きな恒星・惑星さんの意識と交信してみてください。それをすることで、だんだんと自分の思いで、自分が意識しているこの宇宙を創っている感覚が戻ってきます。

意識がぐんと広がるので、急に人生がもっと面白くなりますよ！

## 思いが宇宙を創っています

これからの地球も、今地上に住んでいる地球人、私たち一人ひとりがどんな地球にしたいかにかかっています。

意識が基本なので、どう創りたいかを決めていきましょう！

私たち人間がいて、宇宙があるのです。

宇宙に私たちがちょこんといるのではないのです。

主体性が逆であることを、ビッグバンから１３８億年かかって、やっと思い出してきています。といっても宇宙には本当は時間という概念がありません。

パラレルワールドから見ると、本当にすぐそばで、バーーンと巨大な光が飛び散って、個という私たちの光ができたのがちょっと前のような感覚です。

あなたにとって、ユートピアの地球はどんなイメージですか？

どんな地球に住みたいですか？

**イメージしてそこに住むと決めると、自動的に宇宙がキャッチしてくれて、そのイメージと同じ世界をベストタイミングで創造してくれます。**

**私たちが創造主だからです。**

**私たちの思いで宇宙を創っているからです。**

これに氣づくと、人生が大きく変わってきます。確実に人生の主人公が自分になって、主体性が出てきて、思い通りになるので、わくわく楽しくなるからです。これは自動的です。意識を変えるだけです。

あなたが「そんな簡単に平和なんかできない」と思い込んでいると、いつまでも平和だと感じられない世界に住み続けます。自分が思っている、その通りになります。

主体性は自分にあります。

自分がいない世界に突然自分が現れたのではなく、自分という個の意識があるからこの世界があるのです。とても自己中心的に聞こえますが、これが量子力学の科学の世界で実証されてきたのです。びっくりですね！

自分たちが住んでいる世界の基盤＝マトリックスがすっかり変わってきています。

それぞれが創る世界をお互いに尊重しながら、上手にユートピアを創っていきましょう！　違いを認め合う世界が平和を生み出します。違うからといがみ合っていては、争いが生じるだけです。みんな違っていいのです。違うから面白いのです。違うからそれぞれが認め合って、統合すると、素晴らしいものができてきます。いよいよ統合の時代になってきました。統合を生み出さないと、平和や調和は成り立ちません。統合ができて、平和なのです。

家庭や学校や職場で、お互いの違いを認め合いながら、統合の動きを始めましょう！それによって、どんどんユートピアの波が広がっていきます。

**違いがはっきりしているほど、統合できたときのグループとしてのパワーは最強です。**

個性が強すぎて、バラバラの家族が心配だという女性が相談に見えたときに、その人を通じての家族のエネルギーを読み取ったら、それぞれが他の星からきていて、とてもパワフルでした。そのことを伝えたら、「やっぱり、子どもたちは宇宙人でしたか！」と納得して、それから家族への不必要な注意をやめて、面白がって笑うことにしました。どんどん子どもがのびのびと活動するようになって、生き生きしてきたそうです。自然に家庭での笑いが増えて、とても明るい雰囲氣になったと嬉しい報告がありました。

彼女は、子どもたちが宇宙人で変わっているのは当たり前だと理解し、さらにむしろ貴重な存在なのだと認めることで、悩みが軽くなり、子どもたちを信頼することができるようになりました。それまで悩んで家で悶々としていたのをやめて、外に出て好きなことをするようになりました。とても明るくなって、若返ってきたのです。子どもたちとの会話も増えて、宇宙一幸せだと表現できるようになりました。

**意識が変わると人生がガラリと変わります。**
**もっと楽しくおめでたくなっていいのです。**

悩まないで、面白がってみましょう！

きっと、笑顔になって、肌もつやつやになり、若返って見えるようになります。自分の年齢を忘れて、好きなことを見つけて夢中になります。ますます自分が大好きになります。

**「大好き」と大きな声で言い、自分をギュッと抱きしめてみましょう！**
**3回以上言うと、本当に自分が大好きになってきます。**
**嬉しくて、自然に笑顔になります。**
**両手を少し斜め下に広げて、「すべてを受け入れるポーズ」をしましょう！**

まず自分をすべて受け入れます。ここは嫌だと思うところもすべてです。

このままでOKと今の自分をすべて受け入れることで、とてもパワフルになります。自分自身でまず「統合」されるからです。

この「すべてを受け入れるポーズ」は、ドイツのリューデスハイムにある、ヒルデガルト教会に描かれた巨大なイエス・キリストの絵のポーズです。霊視できた修道女のヒルデガルトが、イエス・キリスト本人からの指示で作った不思議な教会です。

２０１６年６月にセミナーツアーで行きましたが、両手を広げるイエス様の絵に大感動しました。すべてを受け入れてそのまま抱きしめて愛に包まれるような優しさがありました。しかも口も動いていて、ずっとしゃべっているように見えました。本当に生きて話しかけてくれているかのようでした。同時にたくさんのメッセージをいただきました。

自分も含めて「すべてを受け入れるポーズ」は、とても氣持ちがいいので、ぜひやってみてください。しばらく、そのポーズを味わってから、そのまま両手を動かして自分を抱きしめて「大好き」と声に出してみてください。

これをゆっくりやることで、素敵なセレモニーになります。

自分をすべて受け入れて、大好きになれば、内なる光があふれ出てきて、どんなことも可能になります。光一元になるからです。

夢がすべて叶う状態になれるのです。

## 憧れのブータンは女神パワーが強い国です

2016年7月に、憧れの幸せな国ブータンに行きました。そこで、次々に不思議なほど、夢がすべて叶う体験をしました。

ブータンは、インドの隣にあって、高山にある国です。貧しい国ですが、96%のほとんどの国民が幸せを感じているユートピアの国です。実際に行ってみて、なぜ幸せを感じているのかを確かめました。

まず、ブータンのパロ国際空港に降り立ってびっくりしました。なんとも言えない不思議な安心感に包まれたのです。日本以上に安心で、優しいエネルギーに抱かれるかのようでした。海外に着いたときの警戒による緊張がまったくありませんでした。ブータンにはスリがいません。犯罪がほとんどないのです。素晴らしいです。小学校での授業の前に必ずする平和のお祈りの習慣が土台にあるのです。

まず国王夫妻の写真にあちこちで出会います。すべての国民に敬愛されているのが伝わってきました。

それは幸せな統一感です。国を治める王室が愛されているのです。

日本も戦前は、天皇皇后両陛下の写真があちこちで飾られていたように、国民に敬愛されていました。だからこそ、国が一つにまとまってパワーがみなぎり、大東亜戦争で西欧諸国の植民地だったアジアを解放でき、アジアの国々が独立できたのでしょう。

ブータンの世界観は、命を大切にすることです。蚊一匹でも殺しません。殺生をしないのです。でも肉や魚も食べます。隣国インドから輸入しているのです。ここはちゃっかりしています。

すべてに命があるという世界観なので、山も生きていると思っていて穴を開けません。だから山国なのにトンネルがないのです。崖っぷちを車が走ります。対向車がくるとスリル満点です。タイヤが半分崖っぷちに浮いてしまいます。

崖っぷちのくねくね道を14時間もかけて行ったブムタンにあるケンチョ・スムという再建中のお寺で素晴らしい仏画を見つけました。とても珍しい「ホワイトライオンに乗る女神」です。ホワイトライオンのひょうきんな顔に釘づけになりました。ぜひ写真に撮りたいと思いましたが、お寺の中は撮影禁止です。

ところが平和の祈りをして、その仏画に釘づけになっていたとき、どこからともなくお坊様が近づいてきて、「まだ床を張っていなくて建築中だから写真を撮ってもいいですよ〜」

と優しく許可してくれました。ラッキーです。

夢が叶いました。その建築中のお寺に入るときも、入り口がわからずに、うろうろしていたら、同じように、若いけどちょっと先輩のようなお坊様がわざわざ声をかけてくれて、お寺の中に入れました。突然ふと現れるので、もしかしたら生天（＝生の天使）かもしれません。

2月に皇太子さまがお生まれになって、大喜びのブータン国民がお祝いに10万本の植樹をすることになりました。未来のためのプロジェクトに感動しました。そのニュースを聞いて、ぜひ私もお祝いの植樹をしたいと思いました。だめもとで聞いてもらったら、ブータンの観光会社の社長さんがその申し出に感動してくださって、ぜひ夕食をとご一緒しました。そして、自分の会社で植樹のために買った土地に植えられることになりました。

それも社長さん自ら植樹のお手伝いをしてくださいました。しかもその苗木は大好きな松の木でした。植えた場所がシンガポールからプレゼントされた大仏、クエンセル・ポダンの下でした。植樹が終わってから、大仏にもお参りしました。

その日はちょうど、お釈迦様が悟った日、7月8日で祝日でした。たくさんのブータン人が民族衣装を着て、お寺にお参りに行く日でした。せっかくなので、パレスに行ったら、そこでまた一つ夢が叶いました。国王夫妻に会いたいと思ってガイドさんに話してみたら、

「それは絶対に無理です！」と断言されました。それでも、ロイヤルファミリーのどなたかと会えたら～と思っていたら、なんと国王の妹さんの王女に会うことができました。ちょうど入り口で人払いがあり、王女がＳＰ４人に囲まれて階段を下りてこられたのです。にこやかに挨拶を交わすことができて、とても幸せでした。

「ロイヤルファミリーには、絶対に会えません」と言っていたガイドさんも、びっくりして、自分も初めて会えたと、嬉しそうにはしゃいでいました。

チベットでも見た、夢が叶うブルーポピーにも会いに行きました。

１週間前は、ブルーポピーが咲き誇っていたというガイドさんの話にわくわくして、３９８８ｍの峠からさらに徒歩で登りました。そこに、ブルーポピーの野原があります。ところが私たちが行ってみたら、すでに種になっていました。必死でガイドさんが残っていないかと探してくれました。「もう咲いているのがありません」と残念がっていました。それでもなんとか、「お願いです！　一つでいいから残って咲いていて！」と必死で祈りの奇跡をお願いしました。

すると、本当に一つだけ咲き残っているブルーポピーを見つけました。

祈りの奇跡が本当に起きました！　しかもブルーポピーがスピリチュアルになって、紫色になっていました。パープルポピーです。さらに夢実現がパワフルになったように感じました！

こうなったら、何でも宇宙にお願いしてみようと、わくわく感が止まらなくなりました。ホテルの写真で見た珍しいイエローポピーにも会いたくなりました。ガイドさんが「イエローポピーは、もっと高いところにしか咲かないので、この辺にはありません」といいます。

否定されると、さらに祈りたい思いが強くなりました。この辺に咲きたいイエローポピーがあるはず、人間でも普通という平均値が嫌いな人が別行動するように、きっと花も、ありえない場所に咲きたいのがあるかもしれないと、コンタクトしてみました。近くにいるという感じがしたら、次の瞬間、運転手さんが見つけてくれました。「あった〜」と嬉しそうな声がしました。

またまた奇跡を引き寄せました。みんなよりも低いところに咲きたいイエローポピーさんがいたのです。ブラボー！

次々と夢が叶って、その夢実現が、さらなる夢実現を引き寄せました！

大好きな白馬に乗って、有名な崖っぷちのタクツァン僧院に登りました。しかもその白馬は、昔の自分にそっくりでした。わざわざ険しい道を選ぶのです。「こっちの道が楽なのに〜」と話しかけても、わが道を行くで、崖っぷちの大変な道を選ぶので、笑ってしまいました。白馬を見て、昔の自分を振り返って笑いで解放できました。

そのまま白馬で、目的地まで行きたかったのですが、1時間乗って、あとは徒歩で2時間登りました。その間、インディアンや忍者だったときを思い出して、S字状に一氣に駆け上がるという疲れない方法を試して遊びました。

「越智先生は不思議な人ですね！　ここは高山で息が切れるのに、早すぎます！」とガイドのセンチョウさんがびっくりしていました。

13時から14時まで、お寺がランチで閉まるのですが、ちゃんと12時には到着して、13時までにすべてのお部屋での平和の祈りが終わりました。しかも最後の可愛いお部屋に入ったら、そこは乙女の部屋で女神さまが「はるばるよくきてくださいました。本当にありがとう！」とメッセージまでくださって、仏画の女神の顔から涙も流れて見えました。

そして、そこにもあの感動した仏画、「ホワイトライオンと女神」があったのです。女神の像の右側の壁に見つけて、感動しました。

ブータンの旅の最初と最後に「ホワイトライオンと女神」の仏画に出会うことができたことで、魂の奥深くに印象が残りました。

「沖縄に帰ったら、ぜひこんな素敵な絵を描きたい！」と心に誓いました。

そして、それがなぜブータンが平和なのかのヒントになりました。

女神パワーが強い国だからです。

国民各自の女神の意識が強くなれば、自然に平和と調和の世界になるのです。それをブータンは見せてくれたのです。

## ホワイトライオンと女神の時代がやってきました

ホワイトライオンが私たちを支えてくれます。
ホワイトライオンは、それぞれの人にあります。
ホワイトライオンが、これからの夢を叶えてくれます！
私には、よく吠えるけれど、愛がいっぱいの宇宙一の夫がホワイトライオンです。
本人も昔ライオンだったと自覚しています。
まだ、結婚していない方は、きっとお父様がホワイトライオンです！
優しくて、力強いお兄様がホワイトライオンです。
あなたの家庭にもホワイトライオンがきっといます。
平和へと導く女神を支える愛あふれる力強い存在が私たちにとってのホワイトライオン

です。

今、地球上にホワイトライオンが300頭いるといわれています。ほとんどがサーカスやハンターの餌食になっていますが、そのおかげで、ホワイトライオンが生き続けています。

スピリチュアルには、ホワイトライオンは、神聖な存在としての働きをしています。**ホワイトライオンが地上に現れるということは、地球が大きく変動すること、私たち人類も意識変容を求められていることを意味するのです。**

第4章で、白色の存在を統合の意味として解説しますが、ここでは夢を叶える応援者としての存在の意味を解説しています。

ちょうど今、目の前に真っ白い胡蝶蘭《こちょうらん》の花が56個も咲いて応援してくれています。まるで天使のような花です。天使も白いように、白はすべての色を持って無限のゼロに似ています。いかようにも染まることができる白色で応援してくれているのです。スピリチュアルに応援してくれる象徴の白です。

ブータンで決意したように、沖縄に帰ってから、さっそく「ホワイトライオンと女神」の絵を描きました。

ものすごいスピードで、ぐんぐんと描けて、描いていて、とても楽しかったです。あっという間にでき上がって、天の舞6周年、海の舞1周年の記念講演会に間に合いました。ブータンの民族衣装を着て、ブータンの旅で感じたことを話しました。ひょうきんなホワイトライオンと優しい女神が絵から応援してくれました。

その後も、生の絵を手持ちで飛行機に乗って北海道に運び、札幌のセミナーと講演会でも披露しました。

さらに、名古屋の講演会とセミナーにも、今度は海を渡って、船便で届けました。南から北へ、そして、また南から日本の真ん中へ。ホワイトライオンと女神が旅をして、ユートピアのエネルギーをつなぎました。

真っ白の百獣の王、ホワイトライオンが、笑顔の女神を乗せた、とても幸せそうな絵になっています。いろんな夢を叶えてくれるホワイトライオンです。

ブータンで、最初に出会い、最後にもまた出会って、とても印象に残りました。スペシャルなベストタイミングに仏画が描けて、縁のある日本のみなさんに紹介できました。

とても嬉しいです。素敵な流れを楽しんでいます。絵描きになりたかった夢がこのような形で生かされています。

ホワイトライオンに敬意を持って意識することで、しっかりと天意とつながります。左半身の女性性の神聖なる女神のエネルギーが開いてきます。

女神性が開いてきたかどうかを確認する方法があります。**それは、さまざまな執着から解放されて、さらさらとしたさわやかな自分、笑顔が自然に出てきて、すべてを愛おしく感じ、すべてを許せる自分を感じることです。**まさに女神のような立ち居振る舞いができる自分を感じたら、すでに女神性が開いている証拠です。

これからの地球を素晴らしくする、覚醒したメンバーです。

地球のユートピア化を手伝いに、はるばるいろんな星や銀河からはせ参じたに違いありません。それが今生の大きな使命です。いろんな喜びを感じながら大きな使命を果たしていきましょう！

今回の人生の目的を知りたいと思っている方、ずばり、地球の平和、ユートピア化を成功させるためのお手伝いにきているのです。

大きな目的ですが、人生をかけるにふさわしい目的です。

直感に従って、どんどん行動を起こしましょう！

まわりの人々に、これから日本が平和の中心になって、どんどん地球はユートピアになっていくことと、そのために女神性を開きましょうと話してみてください。きっと受け取るタイミングがきて、喜んで話を聞いてくれます。

瞑想を習慣にして、自分の中からの直感やインスピレーションを大切にしましょう！

それぞれの役割が出てきます。

自分の持ち場で、笑顔と愛の言動を行えば、そこはユートピアになっていきます。これからの地球は、本来の自然の美しさを取り戻して、私たち人類も本来の自然な笑顔と喜びに満ちた生活になっていきます。

兄弟星の金星がユートピアへのプロセスを先に体験しているように、私たちも地球らしいプロセスで、ユートピアに向かっていくのです。

金星人のオムネク・オネクさんの著書によると、金星のユートピアへのプロセスは、まず都会から自然豊かな場所への移動から始まりました。だんだんと都会から人がいなくなって、自然と溶け合いながら、自然と調和した世界を創ったそうです。貨幣経済からお金のいらない世界に移行していったそうです。

大切なのは、エネルギーの取り入れ方が変わることだと思います。

これからは、石油に頼らずに、宇宙からのフリーエネルギーを使うようになるでしょう！　経済も大きく変わるでしょう！　みんなが安心して暮らせる生活の流れになってきます。

お金に縛られていた生活がどんどん変わっていきます。日常品は、自由に好きなだけ支給されて、プラスアルファの欲しいものは、お互いの技量に合わせて「楽しく」交換されていくと思います。この「楽しく」がポイントです。

意識が一氣に変わることで、楽しいユートピア社会が可能になってきます。

これから、私たちの意識を美しいもの、楽しいもの、可愛いもの、心地よいものに向けましょう！　ユートピアの世界に自分の好きなものをどんどん入れましょう！　意識でできている世界なので、本当に自由自在です。

やがて、地球人たちは、他の惑星や銀河の人々と交流できる宇宙時代を迎えると思います。

## 地球もいよいよ宇宙時代へ入ります

近い将来、宇宙旅行が今の海外旅行のように、当たり前に行けるようになるでしょうね！

「ちょっと金星まで行ってきましたの〜」なんて。わくわく！

最近特に宇宙船がよく身近に現れるようになりました。

２０１６年10月１日、石垣島《いしがきじま》で、４機の光る宇宙船が10分以上も空に止《とど》まっているのを、多くの島民が見たそうです。

地球の地上でも、２カ所で宇宙船が創られているそうです。アメリカのＮＡＳＡとロシアアカデミーです。両方で働いたことがある方から、実際にそれぞれの宇宙船が飛ぶのを見たと伺いました。特にロシアの宇宙船の特徴は、金属と微生物の混合でできていることです。『アナスタシア』という本に書かれていたことは、本当だったとびっくりしました。これから微生物が放射能対策や健康にも役に立ってきます。

今までも微生物がいろんな面で、大活躍していたのですが、私たちが氣づかなかっただけです。放射能の除去にもＥＭなどの微生物が注目を浴びています。

ウイルス性髄膜炎で一度亡くなって、また奇跡の生還をした元米軍のボブ・ディーンさんが、霊界に行く途中で、宇宙母船に招待されて、「まだ役割があるので、戻ってください」と言われたそうです。その後も、宇宙母船に乗せられて6週間生活したのですが、地上に戻ってきたら、たったの15分しかたっていなかったそうです。まるで、現代の浦島太郎さんですね！

そのときに、未来へ旅をしてきた内容が、とても楽しいので紹介します。

ブログ「ハートの贈りもの―２０１６―黄金時代04年」（アセンション後の地球人類を見てきた人がいる）です。

「未来では、地球人類全体が、宇宙に進出して、銀河連邦と交流しています。われわれ人類は宇宙から来ているのです。

宇宙には、時間は存在しない、ただ永遠の現在があるだけです。

銀河連邦は、進化した知性体の組織で、テクノロジーがとても発達している。その本拠地は、M31アンドロメダでした！

われわれ人類の未来は、栄光にみちている、世界の終わりはない、古い世界が終わって、新しいものが始まるだけ、やっと地球の子ども時代が終わって、大人になって、他の宇宙のファミリーたちと楽しく交流がはじまるのです！

彼らはエイリアンではありません、私たちのファミリーなのです。何も危害を加えたことはなく、辛抱強く見守ってくれているのです」

やっぱりと思える内容ですね！　わくわく、ルンルンしてきます。

嬉しいです。ボブさんが命がけで、宇宙母船でタイムトラベルして、未来を見てきてくれました。未来はパラレルにもう存在しているのですね。だから見てこられるのです。

## 瞑想で意識の自由自在体験をしましょう

私たちも夢の中で、自由に過去も未来も旅することができます。

いわゆる、正夢は、近い未来を見てきています。だから当たるのです。

「前に、同じような体験をした氣がするの！」と思うときも、実はパラレルの世界を垣間見たことがあるのです。

逆に、悪夢は、過去を見てきて、感情を解放しているのです。

**夢の中と、瞑想の中では、私たちの意識が自由自在になるので、パラレルに時間という人類共通の思い込みの枠を超えることができます。**

いろんな人々が瞑想をすすめるのは、意識の自由自在体験ができるからです。

もちろん、表面意識が、自由自在になり、自分は無限だとわかってしまうと普通に起きていても、夢の中や瞑想状態と同じように、自由に意識が飛べるようになります。これは楽しいです。必要なものを引き寄せたり、会いたい人とすぐに会ったり、欲しいものをどんどん引き寄せます。

花、木、動物、家具、部屋、家、万物すべてとお話しして、思い通りになります。まるで、魔法使いになったかのようです。

どんな感じかというと、テレパシーがどんどん使えるようになってきます。

思うと、相手に通じて、欲しいと思ったものをプレゼントしてくれます。

実は、携帯電話やスマートホンも、テレパシーの練習です。だんだん小さく軽くなって、そのうち、耳にかけるような小さな形になって、いらなくなります。必要がなくなってくるのです。

感覚も変わってきます。おでこの真ん中の第三の目が活性化して、直感が冴えてきます。最短の時間で、いろんなことが片付きます。時間が有効に活用できるように感じてきます。流れが自然によくなるのです。

今まで使っていた感覚まで変化します。

味覚が変わって嗜好が変わります。今まで食べなかった野菜が美味しく感じるようになります。自然にベジタリアンが増えてきます。逆に、あまり食べなかった肉が急に食べたくなって、とても美味しく感じてバランスをとります。苦手だったハーブが心地よく感じられます。甘いものがそれほど欲しいと思わなくなり量が減ってきます。ちょっと食べるだけで大満足になります。自然にスナック菓子を卒業します。お酒も量が減り、ノンアルコールでも酔ったように氣持ちよくなって経済的です。

聴覚が変わって、好きな音楽が変わります。静かな音楽が氣持ちよくなります。自然界の鳥のさえずりや川の水音、海の波の音が急に懐かしくなって、生で聴きに行きます。自然の中での遊びが楽しくなって、子どもに返り、声が大きくなります。呼吸も深くなって、酸素不足が解消されます。

視覚が変わって、見えていなかったものに目がいくようになります。自然界のちょっとした変化を敏感に見つけ出せるようになります。太陽、月、星に目がいくようになります。星空を見たくなって、見ているうちにふるさとの星とコンタクトします。

自然に花を摘んで、髪飾りにしたくなります。最近の私のブームは、庭のハイビスカスを2個朝礼のあとに摘んで、右耳のところに挿すようにしています。

今まで氣づかなかった家族の長所が見えてきます。楽に認めることができ、ついほめてしまいます。家族がびっくりして、「どうしたの？　急に優しくなったのね！」と言います。ついでに見えないものが見えるようになります。

職場でも、今まで苦手と感じていた人がいい感じに見えて話せるようになります。だんだんと苦手な人がいなくなって、だれとでも談笑できる自分に変わります。

日常のいろんな場面で、氣づきが増えてきます。今まで当たり前だと思っていたことが、とてもありがたく思えて、じ〜んと感動がさざ波のように押し寄せてきます。すべてにありがとうと言いたくなります。小さなことでも感動してしまいます。毎日が感謝でいっぱいで幸せな氣持ちがあふれてきます。おめでたくなるのです。笑いが自然に増えてきます。

毎日の当たり前のこと、すべてが、本当はとんでもなく素敵な奇跡の集まりであることに氣づいて、宇宙に遍満する愛を感じるのです。

これが、感覚が変化して、自分がいかに宇宙から愛されているかを知る、体感する、覚醒するプロセスなのです。

日常生活の中で、どんどん宇宙船を見たり、あの人もこの人も宇宙人かもしれないとわかってきたり、宇宙船に遭遇して、中から宇宙人が出てきて、自分も恐れずに近づいて、握手できたりするようになるでしょう。

どんどん感覚がするどくなってくると、同時に遺伝子も変化します。ミトコンドリアが急激に増えて、身体がとても軽く動きやすくなります。時空を自由に行き来できるので、消えたり現れたりします。

もちろん、脳が活性化されて、たくさん活用され、どんどん冴えてきます。

これからの私たちと地球は、お楽しみがいっぱいです。

ではまとめると、これからの地球のびっくり変化は、

1）エネルギーの変化：原子力、石油に頼らなくなり、フリーエネルギーがいよいよ表に出てくるでしょう。

2）経済の変化：貨幣中心の経済がいったんリセットされて、とてもアバウトになります。みんながアバウトになって、新しい陽氣なネイティブ・アメリカンになっていきます。持っている人がない人に与えて、物々交換が楽しく頻繁になってきます。日用品は無料になるでしょう。

3）仕事は週3日くらいに！　ずっと遊んでいると飽きてくる人は、仕事をしたくなります。自分がやりたいことが仕事になって、生きがいになります。

4）日常で、瞑想が日課になります。みんな氣楽に楽しく当たり前に瞑想を習慣にして、意識をどんどん高め、いろんな次元を体験します。

5）他の星のファミリーとの交流：いろんな星から宇宙母船が地球にきて宇宙人との交流が盛んになります。世界観が広がって、地球がまとまってきます。

まだあると思いますが、地球も人類も成長して、宇宙へ飛び出す時代を迎えられて、本

当に嬉しいです。こうなるために、はるばる私たちは、いろんな銀河から飛来してきたのですから、大きなミッションがいよいよ果たされます。

今生で、ユニークな精神科医になって、癒しの本をずっと書いてきましたが、未来の地球像を本に自然に書けるようになって、とても嬉しいです。

これから大きく地球も私たちも変わります。

そんな地球になるように、パラレルワールドの中から選んできました。

この本を読んでくださっているみなさまと、ぶるぶるっと楽しく共振したいと思っています。

新しい地球にブラボー！

これから確実に、素敵な地球を創っていきましょう！

# 第3章

# ご縁や運氣を感じて生きるゆるゆるの法則

## ご縁は直感と魂でつながっています

これからの地球についての壮大な話のあとには、とても身近な、日常的なご縁についての話をしましょう。

ご縁を大切にする人は、運氣もよく、人間関係もスムーズで、うまく流れに乗っています。

第1章でもご紹介した映画『君の名は。』を見た人は、ご縁について深く考えるきっかけになったと思います。「前前前世からつながっていた縁」だと表現されています。しかも主人公のカップルをつなぐ赤い糸を、組紐《くみひも》で表現しています。その組紐が縦の糸と横の糸で織られて、まさに糸が縁を象徴しています。

ずばり、糸を縁の意味で歌い上げている素敵な歌があります。

中島みゆきさんの歌「糸」です。

素晴らしい歌なので、いろんな歌手の方々がカバーして歌っていますのでご存じの方が多いでしょう。

この歌は、結婚式の披露宴でよく歌われるそうですが、結婚のお祝い歌にはぴったりですね。

結婚相手に出逢えるのは、本当に奇跡です。たくさんいる中で、一生を共にするパートナーを選ぶことは、わくわく、ドキドキです。

日本で、2015年に結婚したカップルは、63万5000カップルです。毎日1739カップルが誕生しています。年々結婚する人が減ってきて、だんだん晩婚化しているそうです。結婚したカップルの4%が国際結婚です。

25組のうち1組という割合です。国際結婚で多いのは、外国で出逢う場合、日本で出逢う場合、英会話スクールなどで出逢う場合、ネットで出逢う場合だそうです。

国際結婚をしたい人は、留学やワーキングホリディでまず海外に行くことで運命的な出逢いに近づきます。行きたい国は、魂のふるさとです。過去生で生活していた懐かしいところです。そのときの悲恋の恋人が今回の結婚相手だとしたら、その国にどうしても行きたくなります。それが留学だったり、青年協力隊だったり、ホームスティだったり、いろんなルートを選びます。

**大切なのは、直感です。どのルートなのか直感で導かれます。それには、深刻にならないことです。ゆるゆる状態ほど、直感が働きます。リラックスしたほうが、奇跡が起きる**

**のです。**

**ゆるゆる状態とは、我がなくなり、おまかせ、受け入れの境地なので、天意と結ばれる、つまり、宇宙とつながる状態を招きやすいのです。**

懐かしい魂のふるさとに行って、本命の結婚相手に出逢うかもしれません。あるいは、その扉が開いて、帰ってきてから日本で今は日本人の彼に再会するかもしれません。必ずしもその時代の人が、また同じ国の人とは限らないからです。

フランスが大好きで、よくフランスに旅をしていたら、日本のフランス料理のシェフと結婚した30代の女性がいました。フランス大好きでフランス人と結婚したかったのですが、彼も日本で生まれ変わっていて、東京で再会しました。彼女が何度もフランスに通うことで、フランス時代のエネルギーが濃くなって彼を引き寄せたのだと思います。決して、フランス通いは、無駄ではなかったのです。

オーストラリアに1年間ワーキングホリディに行った女性の話もあります。

オーストラリアが大好きになって日本に帰ってきてから、たまたまいろんな外国人の集まりのところで、集合写真を頼まれて、シャッターを押したら、日本語ペラペラのオーストラリア人の男性がいて、彼は「もし日本の女性と結婚するならこの人とする！」と瞬で思ったそうです。

グループ交際をしている中で、だんだん「いい感じの人だなぁ」とオーストラリア人の彼が好きになってきて、自宅に呼ぶと、父親が「いい人だ〜」を繰り返し、「この人に娘をもらってもらえたらな〜」と氣に入ってくれました。

お互いに愛の告白もして、さらに父親の後押しがあって、とうとう結婚したそうです。

もう25年になりますが、とても素敵なお似合いのカップルです。

彼に会う前に、彼の国を1年間訪れて、大好きになってからの運命的な出逢いでした。出逢う前からスイッチが入っていたのだと思います。一目惚れは彼のほうでしたが、彼女もいろんなプロセスがあって、結ばれました。

結婚後のハネムーンも、実はとても意味があって、魂のふるさとの場所に2人で報告に行く意味があります。特に悲恋があった場合で、それが海外の場合、そこへハネムーンに行くようです。

結婚へのブロックをはずして、見事相手を見つけた女性がご主人と一緒にクリニックに報告にいらしたことがありました。2人ともハワイのファッションでいらしたのですが、過去生療法をしたら、やはりハワイでの悲恋がありました。

「魂のふるさとのハワイにいらしたらどうですか?」とすすめると、お2人でにこやかに「ハネムーンでハワイに行きました!」と同時に答えました。

奥様のほうが、フラダンスをされていて、ハワイのエネルギーを濃く持っていました。人氣のハネムーン先は、一説には、1位がハワイ、2位がオーストラリア、3位がイタリアだそうです。

私は、1回目が台湾と香港でした。台湾で役者をしていた時代があります。中国では夫婦でした。

2回目がカリフォルニアとハワイでしたが、ネイティブ・アメリカンで逆転夫婦だったことがあります。ハワイは、フラダンスとても縁があるので、きっとこれから思い出すと思います。

3回目は、結婚式自体がスペインでした。スペインで身分違いの悲恋がありました。その当時のソウルメイトたちとセミナーツアーでスペインに行って、式をあげました。それも東日本大震災の影響で若いカップルが結婚式をする予定が行けなくなってキャンセルが出て、私たちが急に結婚式をする運命になりました。急に決まったので、ネットでウエディングドレスを頼みました。

できちゃった結婚用のお急ぎ版が一番早かったので、それに即決しました。

おかげでウエスト調整ができるドレスになっていて、とても助かりました。

3回目も運命的でした。お互いに子どもがいないので、籍を入れずに同棲でいいと思っていたのですが、ちゃんと籍を入れることになりました。そのまま俳句に作ったら、俳句の雑誌に掲載されました。

「七夕や入籍すませ被災地へ」

入籍して、その後、生のブーケを持ったまま、ボランティアに出かけたのです。面白い花嫁が生の花と一緒にきたと、仮設住宅の人々にめでたいと喜ばれました。お祝いにいただいた生花を持てるだけ持っていってよかったです。

3年後にまた同じ場所に行ったら、ちゃんと花畑が復活していました。

思いがけない展開の出来事を、運命的な出来事といいます。

だれでも、自然に運命的な出逢いをして、結ばれたいと思っています。

恋愛でなくても、お見合いでも、知り合いの紹介でも、本当はすべてが運命的な出逢いではないかと思います。

すべての出逢いについて過去生の謎解きはできませんが、きっと悲恋の続きや逆転の夫婦の体験などいろんな理由での結ばれ方があると思うからです。

自然に導かれていく、自分の意思であっても、流れに乗って、出逢う人はそれも運命の人です。

みゆきさんの歌にあるように、縦の糸と横の糸が出逢って、結びを作ります。それが最小の家族を生み出します。織られた布には愛が込められていて、それで包まれることで、愛に包まれ癒されるのでしょう！

まるで、布にハグ（＝hug 抱きしめる）されるかのようです。

お互いに抱き合って、結びを作って、布ができます。その布で包まれて、愛をもらって、また誰かと抱き合って、結ばれ、包まれることで愛を感じて、また結び……と、永遠に続く織物かもしれません。

私たちは、いろんな出逢いによって、愛の布を織り続けているのです。

夜空にも、天の川をはさんで、織姫ベガと彦星アルタイルが輝いています。

織姫は、女神の象徴でもあります。

映画『君の名は。』の高校生カップルは、まるで織姫と彦星のようですね。彗星が2つに分かれるのも、象徴的です。映画を見ながら、自然に2人が無事に逢えるように祈ってしまいます。この映画の登場は、私にとって大いに励みになっています。

## 過去生療法から見るとご縁はとっても不思議です

せっかくですので、一般論の縁ではなく、もっと深遠なご縁について話しましょう！

それがあなたの人生において、人間関係の謎解きに役に立つことを祈ります。

私はクリニックで、患者さんの過去生療法を通じて、ご縁のしくみや不思議を日々感じています。

時には、織姫と彦星が出逢うお手伝いをすることもあります。まさに、縁結びです。たくさん生まれたカップルで、うまく縁が続いているカップルが多いのですが、中には縁がなくなって、別れたカップルもあります。

別れがあると、また次の出逢いがあります。

**すべて体験として、魂の糧《かて》になっているので、「人生一切無駄なし」です。**

夫婦になる縁で一番多く感じているのが、過去生も夫婦だったケースです。

性が逆転する場合も多いです。

実は、ソウルメイト（＝魂の友）として、何度も夫婦になる場合が多いのです。そのほうが空氣のような存在として、自然体で家庭を築けるのかもしれません。

クリニックにいらした患者さんで、今のご主人と4回目の夫婦をしていた方もありました。びっくりしたのは、「また来世でも夫婦になりたいです！」と力強くおっしゃった言葉でした。それは素晴らしいソウルメイト同士だと思います。今はお互いに慈しみ合い、穏やかな生活をされています。

また、最近多いのが、夫婦なのに、過去生で母親と子どもで、何かの理由で子育てができず、今回夫婦をしながら息子だった夫の再育児もしているというケースです。恋愛のときは感じなかったけれど、結婚したら急に夫が甘えてきて、自分は母親ではないのにと思いつつ母親のように育児をしているのです。

過去生療法で、「ご主人の再育児をしてきましたね」と解説すると、「やっぱりそうでしたか」と母親の役をしている女性は大納得して大笑いになります。

思い当たる方は、きっと甘えてくるご主人の母親だったことがあるのでしょう！　育てられない事情があったのですから、たくさん甘えさせてあげてください。「私はあなたの母親ではないのよ！」と突き放すのではなく、逆に積極的に甘えさせてあげると再育児は、早く終わります。ご主人が頼もしく成長して惚れ直せるのです。再育児は、エンドレスではなく、無事に成長したら、育児を終了して夫も頼もしくなります。

自分が若くして病死したり、戦争で生き別れたり、別の男性が現れて駆け落ちしたり、育児ができなかった理由はいろいろなのです。

最近のケースでは、長男とギクシャクしてうまくいかないという相談内容で来院した女性で、それに関係した過去生が、息子さんの再育児だったことがありました。

ヨーロッパ時代に、今の夫と夫婦で、息子が5歳くらいのときに、一目惚れの男性と駆け落ちして息子が残されました。その息子が今回の長男で、潜在意識に「なぜ僕を置いていったの！」とかなりの怒りがたまっていて、それがぶつかってきて、母親との関係がギクシャクしていたのです。思いがけない原因に彼女はびっくりしていました。インナーチャイルドの癒しが必要だと思い、水色のくまのぬいぐるみを持ってもらって、息子さんのインナーチャイルドに「寂しい思いをさせてごめんね～。前の人生の分も可愛がるからね～」と話しかけてもらいました。自然に涙があふれてきて、これで大丈夫だと感じました。

しかも、駆け落ちの相手の男性が、今生にも登場していました。

今の夫と付き合っているときに、そのときもある男性に一目惚れして、今の夫に「好きな人ができたからごめんなさい」と謝って、その男性のところに行ったら、ふられてしまい、また夫のもとに返ってきて、夫は彼女を許してくれて結婚したそうです。彼女は今の夫の愛の深さに改めて感動していました。

見事に過去生の続きをしています。氣になる過去生の続きをするときは、前の流れを再現して、その続きをしています。

似たようなケースがあります。

結婚してすぐに子どもができて、子育てと仕事の両立で大変だったとき、夫が単身赴任先で、3秒で惚れたほどの女性が現れて、大変なことになりました。

2人だけの世界になって遠くに逃げようとしたのですが、彼女の両親が猛反対して2人は引き裂かれて夫は呆然となりました。

真面目な夫は、2人の女性を不幸にしたと、自分を責めて死にたくなったのですが、ヨットで嵐にあったときにやはり生きたくなって、必死に生き延びて帰ってきました。

ヨット療法が見事に効いて、また生きる希望がわいてきて、夫婦円満に戻りました。そうしたら、思いがけず、すっと三男が生まれました。

過去生療法をしてみると、江戸時代が出てきました。

彼女は夫の母親でした。夫は長男でした。

長男が身分違いの娘と恋に落ちて、母親は反対したのですが、駆け落ちして、行方不明になり、探しまわった母親は半狂乱になりました。

長男は、遠いところで、幸せに暮らしたので、今回は同じことをせずに、母親のところに戻ってきたのです。設定は似ていても、違う流れになるのです。

そのときの夫が今の三男でした。三男と両親で今は懐かしい江戸（＝東京）を旅しています。

彼女は、「なぜ一目惚れした女性と結婚しなかったのかしら？　私より先に出逢っていたら結婚できたのに～」と思っていましたが、江戸時代の謎解きをして、「これでいいのだ！」と思えて、深く納得しました。

握りこぶしをした右腕を、下ろしながら「これでいいのだ！」を元氣よく3回唱えて、江戸時代の魂の解放をしました。

浅草寺《せんそうじ》や江戸東京博物館へ行くことをおすすめしましたが、すでに浅草寺には3人で行ったそうです。無意識に魂のふるさとを訪れるのですね！

2人の子どものシングルマザーのケースを紹介しましょう！　とても美しいもてる女性です。長年付き合って、別れた彼との過去生の関係は、スペイン時代に彼女がフラメンコダンサーのときにギタリストで、船乗りの恋人がたまにしか帰ってこなくて寂しくて、船乗りの友人のギタリストと結ばれました。

今回は、最初ギタリストだった人と長く付き合ってから、彼の友人の船乗りだった人に出逢って、今は船乗りと付き合っています。今の彼はしっかりと大地に根付いた仕事をしています。やはり、過去生と逆転して、その時代の続きを体験しています。登場人物は同じです。不思議な縁ですね〜。

人生の謎解きをすると、なぜ今こうなっているのかがわかってきます。

**過去生とは逆の立場を体験することが多いのです。**

**「どうしてこうなるの?」という人間関係があったら、「もしかして、過去生では逆だったのかも」と思ってみてください。疑問がほどけて、ゆるゆるになり、悩みではなくなります。心が軽くなるのです。**

では、運命的な出逢いは、どのようにして起きるのでしょうか?

## 運命的な出逢いは一瞬でわかります

「運命」と聞くと、ベートーベンの『運命』の出だし、「ダダダダーン」が思い出されます。何度もこのフレーズが繰り返し出てくるのですが、確かに「運命」という言葉には、劇的な雰囲氣が漂っています。

あの人とは、運命的な出逢いだったと思う人が、今回の人生にありますか?

私にも、運命的な出逢いが何度もありました。その都度、恋愛や結婚に発展していくのですが、たくさん生まれ変わっているので、今思えば、当然だと思ってしまいます。特に、今回の人生で地球での転生が終わるので、とても忙しく運命的な出逢いをこなしています。あなたも同じように波瀾万丈の人生で運命的な出逢いがたくさんあるなら、もしかしたら、今回の人生で地球という人生の舞台を終えるかもしれません。

私たちは、いろんな星を巡りながら、人生の舞台を変えて、いろんな体験をしています。自分で選べるので、今はもう生まれ変わりたくないと思っていても、氣が変わったら、また地球に生まれ変わってみてください。飽きたら、他の星に移ります。結構、人生のしくみもゆるゆるです。

亡くなった母が人生の終わりのころに、ホスピスのベッドの中で、

「啓子、私ね、もう生まれ変わってきたくないの、宇宙に漂っていたいの。できるかしら？」

とびっくり発言をしました。

「母様、もちろん、自由に選べるから大丈夫よ！　好きなだけ宇宙に漂って、私を見守っていてね！」

と答えていました。

最近になって、久しぶりに母からのメッセージがあって、びっくり！

「啓子、宇宙に漂うのも飽きてきたの！」

「じゃ、好きな星で生まれ変わったら？」

というわけで、氣がすんで飽きてきたようなので、また生まれ変わるかもしれません。

母の魂さんが、どこに生まれ変わるのか、楽しみです。

というように、永遠の命が、宇宙を旅しているのです。

運命とは、「命を運ぶ」と書きます。

つまり、運命的な出逢いも、自分の魂さんが演出しているのです。

あなたの伴侶や子どもたち、親たちも、運命的な出逢いでしょう。

でも、一番の運命的な出逢いは、やはり、伴侶のことだと思います。

命が引き継がれていくのも、男女の魂の出逢いから生まれてきます。

**運命的な出逢いには、一目惚れがついてきます。**

一目惚れは、以前にも逢っていて、この人が「運命の人」だと一瞬でわかるのです。情熱的に駆け落ちまでした関係の人とは、出逢ったときに必ずビビビッときます。電氣が走る感じです。

私の場合も、最初の夫に逢ったとき、ビビビッときました。「運命の人」と思ったら、別れたあとからアメリカ人のヒプノセラピストからヒプノセラピィを受けたときに、エジプト時代の恋人だとわかりました。

2番目の夫に逢ったときは、彼の娘たちの母になりたい氣持ちのほうが強かったです。あとで、ギリシャ時代の父親だとわかり納得しました。

今の夫に逢ったときには、講演会に参加してくれて、サイン会の最後に紹介されて、やはりビビビッときて、「運命の人」だと思いました。

最初の出逢いのときに、「運命の人」かどうかわかります。

あまり何とも思わないけれど、相手が熱心にアプローチして、ほだされて結婚するときは、相手にとって自分が「運命の人」です。ずっと優しくしてくれるので幸せになれます。これも流れにまかせてみると、自然体の夫婦になれます。

不倫になる「運命の人」は、ほとんどが過去生で夫婦のようです。

今の伴侶が前の愛人か恋人で、結婚として結ばれていて、不倫の相手は昔の伴侶で、寂しい思いをさせた償いをしています。

だから不倫の相手とは、空氣のように自然でしっくりきます。十分に愛で償ったらお互いに氣がすんで、自然に別れます。

クリニックに来院される方も、不倫のケースが多いです。なぜ別れられないのかを知りたくて、人生の謎解きにいらっしゃいます。

「過去生では夫婦でしたよ。そのときの愛人が今の奥様です！」と言うと、「やっぱりそうですか！　夫婦だったのではないかと思っていました。彼と一緒にいると、とても自然なのです」とそれを聞くだけで、とても納得して、別れやすくなります。

過去生で愛人に入り浸りで、妻がとても寂しい思いをしたので、今は逆を体験しているのです。妻にばれないで、そのまま自然に別れる場合と、妻が乗り込んできて、別れさせられる場合、妻から慰謝料を請求される場合があります。それは、それぞれの過去生のしがらみの内容に応じて、流れが変わってきます。もう十分に愛してもらったから、自分もシングルの人を見つけて結婚すると決めれば、ちゃんと、本命が現れて結婚します。手放すのも大切です。

情熱的に、略奪愛になって、離婚と再婚のコースになったら、きっと過去生の略奪愛の逆を体験しています。この場合は、カルマ（＝過去にやった行為）が完全に消えるのに時間がかかりますので、自然体の夫婦になるまで、波瀾万丈コースです。とことんやってみてください。引っ越すか海外に出ると、落ち着く場合もあります。

落ち着く国が、さらにさかのぼって、静かな夫婦だった時代の舞台です。

カルマの解消は、この世でしかできないので、やり残したら、また生まれ変わって続きをします。まさに人生は舞台です。

## ご縁で人生の流れが大きく変わります

人生の転機に現れる影響の大きな「運命の人」がいます。

その人が伴侶と重なるときもあります。私が精神科医になったのは、最初の夫の影響です。子どもが好きだったので小児科医を目指していたのですが、のちに精神科医を目指し、児童精神科を専攻しました。

イギリスのロンドン大学に留学できたのも、彼のおかげです。芝居、映画好きの彼に付き合って、たくさんの映画と劇やオペラを見て、それが今のミュージカルを作るクリエイティブスクールにつながっています。

彼との過去生がエジプト時代の舞台俳優と女優でしたから自然の流れでしたが、運命的な出逢いが後の人生を豊かに創っていきます。

2番目の夫には、2人の娘たちを育てる素晴らしいチャンスをくれました。

14年間の子育ては、貴重な体験です。仕事で何度も海外に行くチャンスもあり、それがスピリチュアルな体験として今でも役に立っています。

そして、今の夫が沖縄を中心とした活動の発展に大いに貢献して、さらに癒しの拠点の天の舞と海の舞を一緒に創ってくれました。

これから、天の舞と海の舞を中心に、たくさんのソウルメイトとの出逢いが、面白く展開していく予感がしています。もう始まっているのかもしれません。

**人とのご縁で、人生の流れが大きく変わっていきます。**

**運命的な出逢いは、それぞれの守護天使が、それぞれの魂さんのシナリオに従って、演出していきます。**

運命的な出逢いは、お互いにとても大切な出来事なので、守護天使同士も話し合いなをして、そのときを準備万端整えて待っているのです。

予定通りに出逢って、ビビビッときたら、あとはお付き合いするようになるまで見守ってくれます。

あなたの場合は、いかがでしたか?

いろんな出逢いがあります。

それぞれでしょうが、せっかくフェイスブックを活用しているので、みなさんに「運命的な出逢いを教えてください」と、聞いてみました。

最初に反応があったのは、なんと、天使からのおすすめのささやきがあった女性でした。

彼がライブハウスで演奏していて、彼女が会社の残業の帰りに時々寄っていたそうです。お店のカウンターに座っていた彼を見て、「この人と結婚するかもよ」と誰か（天使？）のささやきがあって、その年に結婚したそうです。

もちろん、ささやいたのは、彼女の守護天使さんです。彼の守護天使さんと話し合いをしながら、劇的にすすめたそうです。

ライブが残業の帰りに寄れる距離にあったのは、絶妙なセッティングですね！　そのへんの演出は、守護天使たちのお仕事です。

ネットで知り合ったという方もいました。最近は、ネットの出逢いも大切なきっかけになっていますね！　信頼できそうなサイトだったら活用もありだと思います。平安時代の恋愛は和歌のやりとりでしていました。お互いの顔は見たことがないのですが、和歌の内容に心打たれて恋に落ちていました。今のネットでのやりとりに似ていますね。意識だけの交流になるので、より宇宙的かもしれません。器の肉体レベルにとらわれないということです。

もう一人の方は、プロポーズをされたけれど、まだ結婚する氣はなくて断ろうと一緒に旅をしていたら、スマトラの津波にあって、人生楽しまなくてはと思っていたのに、思いのほか、とっさに「結婚しよう！」と自分から言ってしまってびっくりしたそうです。

**表面意識と違う言葉がワッと出るときは、魂さんからの本音です。**

スマトラの津波に遭遇することも、びっくりの体験です。それに刺激されての流れなので、これは、まさに運命です。

大きな運命的出来事が刺激になって、人生の決断が生まれるときがあります。引っ越したり、仕事をやめたり、本当にやりたい仕事に変えたり、新しいプロジェクトを始めたり、いろんな展開があります。

3・11で、ボランティアにきた青年と、避難していた女性が運命的な出逢いで結ばれたという、嬉しいお話もありました。

出逢いの日が、ちょうど、映画『君の名は。』の設定と同じ10月4日という方がいました。しかもご夫婦でこの映画を2回も見たそうです。素敵ですね。

出逢う2年前に、「もうすぐ逢いに行くからちゃんと待っていて」とどこからか声がしたそうです。ご主人の魂さんからでしょうか？　不思議ですね！

どんなことでも、人生の転機のきっかけになるのです。

## 伴侶以外の運命の人もいます

伴侶の他に、仕事上での大きな転機になる運命の人との出逢いがあります。

以前、感動的な弔辞をネットの動画で見たことがあります。

タモリさんが、赤塚不二夫さんの葬儀で読み上げている弔辞が、なんと白紙だったのです。

どんなに赤塚さんとの出逢いで自分の運命が大きく変わったのかを、深い感謝と共に、話している姿に魂が揺さぶられました。

初めてタモリさんに会ったときに赤塚さんが、

「君は面白い。お笑いの世界に入れ。8月の終わりに僕の番組があるからそれに出ろ。それまでは住むところがないから、私のマンションにいろ」と言ったそうです。初めて会ったにもかかわらず即決した赤塚さんは、タモリさんの才能を見抜いていたのでしょう。

7分56秒もの長い弔辞は、「私もあなたの数多くの作品の一つです」というような見事な一言で締めくくられていました。

赤塚不二夫さんは、本当に、素晴らしいタモリさんを作ってくれました。

タモリさんの、「笑っていいとも!」が終わって残念に思っていたら、「ブラタモリ」という面白い番組が始まって、タモリさんのにじみ出る感性と知性のすばらしさにびっくりします。それも赤塚さんとの交流の中で培われたものだと、タモリさんの弔辞を聞いてわかりました。

私も診療中に、「これでいいのだ~!」のワークをよく患者さんとやります。

年に2回、座禅断食会の指導をしてくださる、野口法蔵師匠から、「これでいいのだ!」を習いました。赤塚不二夫さんは、仏教哲学のエッセンスを「天才バカボン」に描いています。その中でも「これでいいのだ~!」は最高のエッセンスです。宇宙の真理です。きっと赤塚さんの魂さんは、お釈迦さまの弟子の一人だと思います。それくらいすごいです。

この本を書いているときにも、座禅断食会がありました。2泊3日の短い断食ですが、15回の座禅によって、効果的に宿便が排出され、心身ともに素晴らしいデトックスにより健康になる会です。

最後のシェアリングのときに、法蔵師匠のシンプルな言葉に感動しました。

「最高の座禅断食でした。『3日で人生をクリア』です!」

「3日で人生をクリア!」素晴らしい言葉ですね。シンプルはベストです。

「神父さんばかりの座禅では、祈りをしないように注意します。お坊さんばかりの座禅では、念仏を唱えないように注意します。いつもの習慣が出てしまうのです。座禅は目を開けて、呼吸をゆっくりと数えることです。目を閉じると瞑想になって、腸が動かなくなってしまいます。出る宿便が少ないです。断食で宿便を出すには、座禅がベストです！」とシンプルでわかりやすく教えてくださいます。

瞑想で断食されている方、医学的データに基づいているので、ぜひ目を開けて呼吸を数える座禅をおすすめします。たくさん宿便が出て効果的です。野口法蔵師匠が新潟大学医学部の医師たちと2000ケースの症例研究されて、座禅によって宿便である小腸粘液が大量に排出されることを確認しています。目を開けるか閉じるかで、そんなに違うとはびっくりです。

もう一つ、心に残った言葉は、「神社では『頭がすっきりするように』とお願いしています。いつも頭がすっきりしたいのです」

私が主催する座禅断食会は、どうしても笑いヨガやいろんなワークで盛り上げてしまいます。

「私は、越智先生が、盛り上げたのを静める役です。動と静のバランスが大切です」

法蔵師匠は元カメラマンで、インドに取材に行って、北部のラダックに残っているチベット仏教のお寺で2年も修行されて、チベット僧になってしまったびっくりの魂さんです。

私にとっては、座禅断食の師匠であり、人生に素晴らしい影響を受けた「運命の人」です。

## 愛おしいライトワーカーとの出逢い

ツインソウルとの運命的な出逢いもあります。

最近、ツインソウルの話をよく聞きます。

ツインソウルとは、ある時代に一つの魂だったことがあるソウルメイトです。

自著『ツインソウル』（主婦の友社）にも詳しく書きましたが、感覚がとても似ていて、嗜好も一緒、同じCDを持っていたり、同じ趣味を持っていたり、同じようなところに旅をしていたり、とても共通点が多いのです。

他人とは思えないほど似ていて、自分を見ているような不思議な感じがします。意氣投合するので、自然に大好きになってしまって、男女の場合は恋愛に発展します。お互いにすでに伴侶があるときには、ちょっと大変ですが、お互いの家族を大切にしようとして、適度な距離を保って素敵な関係になります。

同性の場合は、本当に仲良しの大親友になります。

「彼（彼女）は、きっとツイソウルに違いない、同じ感性で同じ思いを分かち合えるから、ツインソウルですよね？」と確認の手紙が届いたり、診療でツインソウル確認の話になったりします。

ツインソウルと劇的に出逢ったという方にインタビューしてみました。

「最初に会ったとき、3秒でビビビッときました。なんて懐かしい、愛おしいと言葉にならなかったくらい衝撃的だったのです。太陽の塔みたいに大爆発でした。人生は爆発だ！　ツインソウルとの出逢いは爆発だ！　その人を見ているとこれも私、あれも私と、私の発見がいっぱいでした。小さな爆発がたくさんあって、すべてが私につながっていく感じです。合わせ鏡で自分を見ている感じなんです」と目をキラキラ輝かせて話してくれました。

それからほぼ毎日のように電話で話しているそうです。

あなたにも、ツインソウルかもと思える出逢いがあるかもしれません。

それは、とてもスペシャルな体験なので、楽しんでください。自分を見つめるチャンスにもなります。守護天使は見えないのですが、ツインソウルは肉体を持っているので、見えます。

ツインソウルで、絶対的な安心感と無限の愛に包まれて、心から幸せになってください。

まだの方は、ぜひ引き寄せてみましょう！

ツインソウル、めんそ～れです！

ツインソウルと同じように、劇的で運命的な出逢いがあります。ライトワーカーとは、自分の本質が光であることを自覚して光としての働きを意識して祈りや癒しを積極的に行う人です。

質が違いますが、霊的覚者、ライトワーカーとの遭遇です。ライトワーカーとは、自分の本質が光であることを自覚して光としての働きを意識して祈りや癒しを積極的に行う人です。

この出逢いも、魂が震えて、一瞬で聖なる時間になります。時空の密度が変わるのがわかります。

「3000年ぶりですね！」と言われると、すぐに3000年前に意識が飛んで、出逢っていた時代の映像がダブって見えてきます。

必ず、どこかの時代で、同じようにライトワーカーをしていたことがあります。その時代を思い出しながら、今の時代に再会できたことを喜び合えます。

その場のエネルギーがビビッドになり、空氣の粒が輝き出します。思い出すとテレパシックに時空を超えて、一緒に活動していたそのときの感覚がすぐに再現されます。

これもスペシャルな貴重な体験です。

それはまるで、宇宙に恋するような感覚になります。

やはりツインソウルと同じように、とても愛おしくなって、ずっと一緒にいたくなりますが、この世の短い時間でも無限の時間に変わります。

地球的に大変なときには、瞑想していると、ふとそばで同じように祈っているのがわかります。

いわゆるライトワーカーとして、地球のユートピアに向けて、それぞれの持ち場で働いていても、ここぞというときに、隣に存在を感じられる、そんな感覚でつながっています。

住む星が変わっても、きっと波動で感じ合うことができるでしょう！

スピリチュアルに目覚めてきたり、瞑想で自分の宇宙の根源とつながるようになると、懐かしいライトワーカーとの運命的な出逢いが体験できるようになります。

一度深く意識がつながると、いつも一緒にいなくても、テレパシックにつながれるようになります。

そうなると、自分の意識が感知できる世界がぐんと広がり、かなりグローバルになってきます。自然に世界の動向が氣になり、わかるようになります。

意識の拡大です。運命を動かせるようになる、段階に入ります。

運命とは、何でしょう？　次は、運命を解説していきますね。

## 運命・宿命・使命で、変革の波を楽しみましょう

3つとも、共通して「命《いのち》」という字がついていますね！

「宿命」は、「命が宿る」、「使命」は、「命が使われる」と書きます。

辞書的な解説を求められているのではないのでしょうが、言葉や言霊を大切にしているので、誰にでもわかるように解説してみたくなります。

実は、私の今回の人生の「使命」として、「人々に人生のしくみを優しく解説する」があるのです。「使命」という言葉が自然に出てきましたね！

**「使命」とは、英語でミッション（mission）、命をどのように使うのか、この人生の目的、役割のようなものです。**

クリニックにも、「私の今回の人生の使命は何でしょう?」」という命題を直接聞きにくる方もいます。

地球にくる前の星が出てくることもあります。

地球のユートピアの実現のために、その星から派遣されてきたり、自分から申し出たり

の流れが多いようです。

ちょうど20年前にフランスで作られた映画『美しき緑の星』のように、エササニという星からきている魂さんもあります。日本の劇場では公開されずに、ネットで広まっている映画ですが、ずばり意識を変える目覚めのための変わった映画です。今まで教育やメディアで洗脳された世界観を「切断する」という表現をとっています。

映画では、すでに平和で緑豊かな星から、大変な思いをして、自ら手をあげて「意識が遅れた地球に行って、目覚めの手伝いをしてきます」と、使命を表明して、地球にやってくるのです。

私も、退行催眠で自分の使命を思い出したことがありました。

アクエリアス（＝水瓶座）時代のとき、アクアオーラのような水色の虹がかかったクリスタルの神殿で、3人のマスターに「地球に行ってきます。アトランティス大陸にクリスタル文明を伝えてきます」と宣言して、薄い水色の円盤に乗って地球までやってきました。

他に4人の仲間がいて、やはり水色のぴったりとした宇宙服を着ていました。女性が3人、男性が2人でした。自分を見て、スリムですらっとしていて、しかも金髪だったので、とても氣に入りました。

もう一人の女性はアメリカ人の友人だとすぐにわかりました。ヒプノセラピストを教えてくれた友人でした。

すぐに場面が変わり、地球に降り立って、アトランティス人たちにクリスタルの使い方を教えていました。

また、違う場面になって、同じアクエリアスの神殿で、また同じマスター3人に「前回クリスタルの使い方の教え方が十分でなかったのか、使い方を間違えて、大陸が沈んでしまいました。今度こそ、しっかりと伝えてまいります！」とまた力強く使命を宣言して、地球にきたのが今回の人生でした。

今回は、ユニークな精神科医として、薬を使わずにアロマやクリスタルを使って過去生療法をすることになり、クリスタルの使い方をヒーリングセミナーでたくさんの人々に伝えてきました。本にも書いて、しっかりと使命を果たしています。

アトランティス大陸が沈んだのは、今から2万6000年前のことです。

それは、宿命でした。**宿命とは、定められた約束のようなものです。**変更ができないのです。

今回は沈まないで成功するように、いろんな銀河や星から使命を持った魂たちが集まって一生懸命に取り組んでいます。これも宿命なのです。

運命は、変更できますが、宿命は変更できません。

宇宙のリズムがあるからです。

2万6000年という周期で、太陽系に大変革が起きるのは宿命なのです。だから、地球の地軸が動いて、ずれています。天変地異や異常氣象があります。中には人工のものも混ざっていますが、どちらにしても天意（＝宇宙の意思）です。

**この一大イベントのときに、個人の魂たちは、どうするのかは各自の意思なのでそれが運命です。自由に選べます。**ずっと愛を学んで実行してピュアで軽やかな魂さんは、さらに波動が精妙な光の強さが強い世界、5次元以上の世界に移動していきます。戦争をしたい、もっとどろどろの重～い世界を作って、たくさんの人々を消してみたい魂さんは、とても重～くて、暗～い世界、3＆4次元世界に移動していきます。

その選択は、自由意思なので、運命です。

今の地球の状況を解説しながら、運命、宿命、使命を説明してみました。いかがでしょうか？

この本を書いているとき、ちょうどアメリカの大統領選挙の真っ最中で、なんとトランプさんが次期大統領に決まりました。世界中がびっくりです。アメリカのマスコミはヒラリーさんだと予測して、トランプさんの足を引っ張る流れを作っていましたが、見事に逆転劇になりました。まさに、トランプが切り札でした。

元氣なトランプさんが、瀕死のアメリカを蘇らせてくれますようにと祈ります。そうすれば、日本も自由になって、平和活動がしやすくなります。

これからの大変革の波がドキドキ、わくわく楽しみです。

必ず、よい方向に向かっていきます。安心して、ともに大波を乗り越えていきましょう！

## ゆるゆるの法則

「今大変な時代を迎えているのだなぁ～」というのは、みなさんも感じていると思います。

こうした時期を迎えることは私たちの宿命なので、乗り越えていきましょう。乗り越えられるのです。それを私たちの魂さんは知っています。

この時期までに、私たちは、さまざまな時代の過去生の続きをしてきました。それが魂の宿題のようなものです。これも個人的な宿命です。

魂の宿題が終わっている人は、これから自由に運命を楽しめます。

ここまできて、楽しく乗り切るために、とっておきの宇宙法則をご紹介しましょう！

ずばり、「ゆるゆるの法則」です。

えっ、ゆるゆる？　氣が抜けましたか？

どうぞ、しっかりと抜けて、リラックスしてください。

**ついでに、身体をゆるゆる～と好きなように揺らして、大切な器である身体が自然に動くのをそのままに、首、肩、肘《ひじ》、手首、お腹、腰、股間節、膝《ひざ》、足首とジョイントのところを特に、ゆるませてください。**

**ゆるゆるとゆるめて、本来の位置に戻します。**

座禅断食会で、リュウマチと多発性硬化症の女性が参加していて、3日目の朝、あと1回の座禅で明けの食事というときに、具合を悪くしました。

そのときに、ヒーリングをしたら、過去生で魔女狩りの拷問を受けた名残りがこの2つの病氣の原因になっているように見えました。「過去生で魔女だったと言われたことがあります」とすんなり受け入れてくれたので、首と両腕のずれを、ゆるゆるでゆるめて、パシッと本来の位置に戻しました。

「びっくり、急に楽になりました！」とパーッと明るくなった彼女の笑顔に、まわり

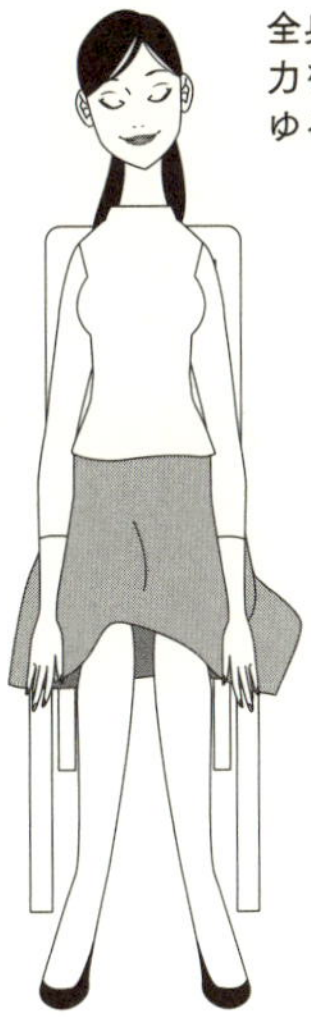

の参加者まで、幸せな氣持ちになりました。

私も医学生時代に、彼女と同じ症状が出たことがありました。同じ魔女狩りの後遺症でした。病院に行けば同じ診断名がついたかもしれません。病院に行かなければ、病名がつきません。「病院」を「健院」に名前を変えたらいいのにと思います。

ゆるゆるとゆるめて、パシッとはめ直すやり方は、シンプルで、確実な変化をもたらします。

エーテル体のヒーリングです。ずれを直すだけです。

身体の外側、8〜10㎝のところにあるエーテル体は、潜在意識といって過去の感情や思い込みやブロックが残っているところです。

それが、何かのきっかけで、思い出されて浮き出てくるのです。

過去生に、一緒だったソウルメイト（＝魂の友）に出逢ったり、魂のふるさとを訪れたり、人間関係のストレスがそっくりだったり、言われたせりふが似ていたり、などいろんな刺激でスイッチが入ります。

マイナスの思い込みをプラスに変えるために、ウルトラプラス思考の人に出逢って、ゆるゆると揺さぶられ、意識が変わり、プラスの思い込みに変わります。

逆説療法もあります。ウルトラマイナス思考の人に出逢って、びっくりしてゆるゆると揺さぶられ、こりゃあかんと意識が変わり、これもプラスの思い込みに変わります。

**プラスもマイナスも同じように受け止めるようになると、自然に悩みが消えていきます。プラスにもマイナスにも氣をとられず、ゆるゆるになることです。**

ゆるゆるにゆるめることとは、過去のしがらみをほどきます。過去のデータからまた同じように未来に引き継がれるのを、簡単に断ち切ることができるのです。

ゆるゆるになると、リラックスできて、エネルギーの流れがよくなります。滞っていたところのブロックがほどけて、デトックスにもいいです。呼吸が楽になります。活動がしやすくなります。

ゆるめると、自然に素敵な笑顔になって、人々を引きつけて、人間関係もよくなります。

では、ゆるゆるでないと、どんなデメリットがあるのでしょう?

ゆるゆるの逆は、ガチガチやカチカチです。緊張や不安や恐怖の状態です。

同じ状態で緊張し続けていると、心も身体も固まって変化できません。新しい情報が入りません。新しい出逢いがなく、古い自分をずっと継続したままになります。進歩や変化がないので、面白くないため笑顔になれません。

いわゆるマンネリの状態を保ちます。エネルギーの流れが、途切れたり、止まったりして、ブロックができてきます。身体が硬くなって、重く感じるようになります。動きが鈍くなり、人付き合いも面倒に感じるようになります。集まりに出たくなくなります。身体のあちこちにだるさと痛みを感じるようになります。自己嫌悪に陥って、批判的になります。いいことがありません。書いている自分まで、暗くなってきたので、このへんにします。

ゆるゆるに、心も身体もゆるめましょう！

## ゆるゆるで現実を受け入れることもできます

ゆるめることで、過去のしがらみから解放されて、別の新しい自分になります。これがいいと思ったら、つかんでぶるぶるっと揺すりましょう！

あっという間に、重さが軽くなって、はずむことができるようになります。

一番わかりやすいのが、笑顔があるかどうかです。ゆるんでいないと、自然の笑顔ができなくて、引きつってしまいます。身体が重く感じたら、早めにゆるめる「ゆるゆる体操」をしましょう！　タコやイカになった氣持ちで踊るように動かしてみましょう！

「ゆるゆる体操」を今までの自著でも紹介してきました。

「ゆるゆる体操」は身体をゆるめて、好きなように動かします。

自動的に、魂さんがエーテル体の本来の姿になるように、調整してくれます。

とてもシンプルなゆるゆる体操は、健康への道です。すべては、この3次元での体験なのです。


人それぞれ体験したいことが違うので、いろんなバリエーションがあるのです。いろいろ揺さぶられるうちに、あるがままに見られるようになります。

しっかりと、今起きている現実を見ることも大切な体験なのです。

見ることで、受け入れます。

「この人は、わざわざこの3次元まで降りてきて、これを体験したくてしているのだ」と受け入れることができます。これは、何も判断、批判しないニュートラルです。相手の運命を見ることとなのです。命の生きざまです。

自分に対しても同じです。

「私は、わざわざこの3次元まで、光の世界から降りてきて、これを体験したくてしているのだ！」と誰のせいでもなく、自己責任で体験していることをしっかり見て確かめることが大切です。

体験が大切なので、感じて、味わいます。不当な扱いをされれば怒りが出てくること、誤解されて悲しいこと、愛する人を亡くして悲しいこと、あまりにも悲しいと泣けないこと、愛している人から裏切られると怒りや憎しみが出てくることなど、あらゆる感情を体験して味わいます。それがこの地球にきてやりたかった体験なのです。そこから大切な愛を学びます。愛の表現方法を学ぶのには最高の星、地球で何度も生きる理由はそこにあります。

地球で何度も生きてきた私たちの魂さんは、とても運がいいのです。

ゆるゆるに、心も身体もゆるめることで、本来の姿に戻って楽になります。

また、イルカを見ると、あっという間に、ゆるゆるになれます。

野生のイルカに会えれば、最高ですが、水族館のイルカでも十分、あの笑顔を見るだけで、こちらも笑顔になってゆるゆるになります。

ついでに海亀も見てください。優雅にゆっくりと泳ぐ姿を見ると、あくせくしている自分も、ゆっくりとスロウダウンできるようになります。

ゆるゆるになれる生き物を見たり、触れたりしましょう!

猫や犬など、ペットを飼っている人は、ゆるゆる感で眺めてみましょう! ほどけてきます。

**ゆるゆるパッ、ゆるゆるパッ、心も身体もゆるめて、過去のしがらみほどきます〜。心**

**と身体が痛いときは、痛みを味わって、痛いよ〜ゆるゆるで早く痛みから解放されます。**

ゆるゆるパッ、ゆるゆるパッ、宇宙の法則、ゆるゆる〜新しい自分になれます〜ゆるゆる〜。

楽しい自分になりました！

ゆるゆるの法則で、人生を楽しみましょう！

## 運には限りがありません！

「『引き寄せの法則』も『選択と共振の法則』も『ゆるゆるの法則』も簡単そうに思えるけど、それは運のいい人だけで、運のない人も、そんなにすぐにうまくいくのかしら？」と思っている人に、ちょっとここで運の限りのない話をしたいと思います。

**実は、運には、限りがありません。**

宇宙から運ばれてくるものは、無限からきています。

無限の豊かさからきているので、「運には限りがない」のです。

書いていてもすてきなフレーズだな〜と嬉しくなります。

いくらでも運は増やせるのです。

運が、無限のソースからきているからです。とんかつソースのソースではなくて、源のソースです。

**実は、私たちも本質は光なので無限なのです。自分たちの思い込みで制限しているだけです。**

歴史的に、権力者たちは、奴隷にしたい人々に、自分は弱い人間で強いものに従うしかないと洗脳してきました。

私たちは無力だと思い込まされた歴史が長くて、なかなか無限とかパワフルとか言われてもピンとこないのです。

ところが、いよいよユートピアへの道がど〜んと開かれるときになって、個人個人が自分の無限の力に目覚めて、その集合意識が大きく活動をするようになってきました。

サイババさんも、「運命は変えられる!」と説いておられました。

運がいいと思い込んで、自分の世界に運を呼び込んでくると、それは無限に広がって流れになります。

本当に、運命は変えられるのです!

人生すべてが、運命の連続と思ってもいいくらいです。

一瞬、一瞬が、運命の連続なのです。

かけがえのない、永遠の命が、運ばれているのが運命なのです。

自分をどう思っているかを、ちょっと変えてみればいいのです。

自分がとるにたらないと思っていたのを、無限の創造性を持っていると思ってみると、無限の創造性が、次に発動します。

映画『君の名は。』の「前前前世」の曲を聴きながら書いていたら、とても刺激されて運命の歌ができました。

**運命は変えられる~永遠の命が~運ばれてくるんだ~**
**運命は変えられる~無限の中から~運ばれてくるんだ~**
**だから、あきらめないで、これからも運命は作れるんだ**
**だから、あきらめないで、運命は増やせるんだ**

運命がすでに定められて固定されたものというイメージが吹き飛んだかもしれません。

ちょうど、運命が変えられると思えるような、びっくりのセッションをしました。相談者は30代のとてもおしゃれな男性です。髪も一部刈り上げて、ロック歌手の風貌です。親の仕事を手伝って、その仕事をずっとやり続けなくてはいけないと思い込んで心が重〜くなっていました。
真面目にずっと仕事をこなしていました。ところが、伴侶とうまくいかなくなって、ま
ったく話もせず、子どもたちの存在がかろうじての接点です。離婚したいのですが、子ど
ものこと、仕事のことが心配で、離婚を言い出せないでいます。ひょんなことで、意氣投
合する新しい彼女もできました。どうやったら、離婚できるのかという相談でした。
ヒーリングしたら、大きく「GO！　子どもたちは大丈夫！」と文字が出てきて、行け
行けGO！　GO！　のサインです。思い切って、一緒に同行してくれた母親と妹に打ち
明けました。

そのあとの母親のアドバイスが、すごいです。
「やっぱり！　うすうす氣がついていたわ！　すぐに遠くにいる彼女のところに行って暮
らせばいい〜。自由になりなさい！」

私も彼もびっくりポンポン!!　妹さんからも「お兄ちゃん、幸せになってね！」と力強
い応援をもらいました。

あっという間に運命がど〜んと変わってしまいました。

親の仕事をやり続けるのが自分の運命と思っていたのが、あっという間に変わりました。

その瞬間を見て、とても感動しました。

規制概念にとらわれず、自分の本音で生きていけば、本人だけでなく、まわりもハッピーになるのです。奥さんにも素敵なぴったりの人が現れるイメージが出てきました。前に進んでも大丈夫です。

海に向かって、高らかに、みんなでバンザイをしました。

もんもんと一人で考え込まないで、自分を愛してくれている人々に話してみましょう。話すと放たれるのです。

**人生のすべては自分の思いなので、この思いをどう変えればいいかなのです。**

自分一人で考えていて、煮詰まってきたら、味方になってくれる人に、思い切って相談してみましょう！　このケースのように、思いがけない展開になり、心配しなくても、するするとうまくいくようになっています。

すべてはうまくいっている〜！

すべってもうまくいっている〜！

氣になることは、やってしまいましょう〜！

すっきりさわやかな風が吹きます！

思いがけない、とんとん拍子がやってきます！

急に運が開けて、世界が広がるような感じになります。

運命は変わるのです。

運が無限に増えていく氣がしたら、その調子です。このときとばかりにどんどんいろんなことが解決していきます。エネルギーが流れ出したのです。

時空を味方にした瞬間です。宇宙は無限に広がることを体感するのです。

しっかり、この瞬間を味わってください。きっと、また次の無限の瞬間を近いうちに引き寄せます。

**運を無限に増やしていきましょう!**

**宇宙は、あなたの味方です。**

宇宙は、愛に満ちあふれています。

愛の周波数を奏でると、パッとつながるのです。

愛は、すべてを癒します。

# 忘れることは宇宙の愛です

ここで、不思議なフレーズが出てきました。

「忘れることは宇宙の愛です」というものです。

「忘れることは、ボケの始まりだ〜」と思い込んでいる私たちには、忘れることも宇宙の愛とは、思えません。

ところが、うまい具合に「忘れる」ということが、パラレルワールドには欠かせない特質です。

過去生のことも忘れているから、リセットされて、またチャレンジできるのです。もし、覚えていたら、「あっ、あの上司、嫌だわ〜。江戸時代では大奥で、厳しいお局さんだったわ！　この会社はやめよう〜」という感じで、思い出してしまうと、また対面して、チャレンジしたくなくなります。せっかく再会して、違うアプローチでうまく関われるという体験ができるのに、放棄してしまいます。もったいないです。

**だから、忘れていることは、宇宙からの愛なのです。**

すべてのプロセスを細かく覚えていると、私たちの意識は逆に混乱します。感情も引きずってしまいます。

「忘れる」ことで、違う選択をして、うまくいくようになっているのです。

人生で大切でないことは、どんどん忘れていいのです。

実は、大切なことも、パラレルに別の選択をするときには、ちゃんと「忘れる」ようになっています。パラレルワールドを楽しむようになったら、「忘れる」ことがまるで条件や才能のように必要になってくるのです。

「忘れる」ことを、私たちはつい残念に思ってしまいますが、意識が変わるのですから、パラレルワールドでは大切な条件なのです。

**いろんな時代の残っていた感情を解放することで、どんどん進化成長して、今現在に集中する力が倍増します。**

**あれもこれも覚えていて、「ああすればよかった、こうすればよかった」とくよくよしないためにもあえて忘却をおすすめします。**

あなたが「これでいいのだ〜忘れていいのだ〜」と断言すると、心がすっきりして、安心感がわいてきます。

クリニックでは、過去生療法で人生の謎解きをやっていますが、すでに自力で95%を乗り越えた人で、過去生のヒントをもらってぐんと前に進むことになっている人、なおかつ魂のご縁がある場合に、天使がつなげて診療の予約が取れるようになっています。

ですから、これから乗り越えようとするときに、過去生の関係性がわかってもチャレンジの邪魔になるので、乗り越えてから解説することになっているのです。

なかなか予約の電話がつながらないと、よく言われますが、実はこのようなシステムになっているため、自力でその問題を乗り越えられたときに、自然にベストタイミングにつながるのです。

せっかく過去の人生を忘れているのに、わざわざほじくるのはどうしてでしょうか？あまりにも高いハードルが、次々にやってくるときに、「なぜ立て続けにこうなるのかしら？　過去生でよっぽど悪いことをしたのかしら？」と疑問に思って、私の本に出会って、いろんなケースを読んで、「もしかしたら逆の立場だったのかも」と予想を立てます。もし、魂のご縁が濃ければ、人生の謎解きをお手伝いすることで、乗り切れるかもしれません。

# 思い出すのも宇宙の愛です

魂の通訳として、相手の魂さんからのメッセージや過去生のイメージを伝えることで、腑に落ちたり、納得したりすることで、次のステップに進めることがたくさんあります。人生の謎解きだけでなく、才能を開くお手伝いもします。

「才能＝過去に体験したこと」なのです。

これから、その才能を活用したいときは、いろんな刺激で思い出します。

過去に体験したことは、興味を持って少しやり始めると、それが刺激になって、才能が開いてくるのです。何かを始めて、その道の先生から「すじがいい」とか「才能がある」と言われるのは、過去生でも体験していたからです。さらに才能を伸ばしていきます。「才能がない」と言われたら、過去生ではやったことがない分野です。初めてのチャレンジなので最初はうまくできないかもしれませんが、めげずに続けて精進すると、才能になっていきます。

才能を開くアロマ（＝香り）といわれているのがジャスミンです。沖縄では、ジャスミン茶が、さんぴん茶として、一年中飲まれています。

もう一つ、自分に才能があること、自分には無限の力があることを思い出すために、効果的な言霊を紹介します。

**「私は天才です！」と声に出して言ってみましょう！**

このフレーズは、言ったことがないと思います。声に出すと、自然に笑いが込み上げてきます。忘れていた本当の自分が戻ってきて、魂も、インナーチャイルドも、とても喜びます。

3回以上言ってみると、潜在意識にもちゃんとインプットされて、新しい思い込みになります。ついでにハートから両手を広げて、空に、宇宙に響かせましょう！

念のために4回言ってみましょう！

「私は天才です！」「私は天才です！」「私は天才です！」「私は天才です！」

いかがですか？

氣持ちいいでしょう？

**ついでに、「私は無限です！」も、言ってみましょう！**

これも、声に出して言ったとたんに、無限の広がりが出て、清々しい氣持ちになります。

「私は無限です！」「私は無限です！」「私は無限です！」「私は無限です！」

これで、忘れていた自分の才能と無限が戻ってきます。過去のつらかったことは忘れ、素晴らしい無限の可能性を思い出していきます。

忘れることも、宇宙の愛、思い出すことも、宇宙の愛なのです。

## 使命（＝氏名）を数霊で読み解きましょう

言霊《ことだま》、数霊《かずたま》、音霊《おとだま》と3つの霊《たま》が宇宙では、とても大切です。

私は仕事で、言霊と音霊をよく使います。元氣にする言霊を活用しています。

浄化するためのチベタンベルの音、浄化と活性化を促す音叉、そして、ヴォイスヒーリングで、魂を癒しています。

言霊についての本、『言葉のチカラ』（青春出版社）を書いて、そこに古代神代文字のカタカムナを紹介しました。4万5000年前から日本に伝えられた神代文字です。丸と十字と小さな丸の記号のような文字です。

カタカムナ研究家の吉野信子先生が、解読して、「カタカムナ48音の思念（言霊）表」（アイウエオ順）ができました。

それで自分の名前から、今回の人生の使命を解明することができます。
氏名＝使命＝シメイと同じ音は、同じ意味を持っています。
私の名前で、ちょっと解明してみましょう！
越智啓子＝オチケイコ
オ＝奥深く　チ＝凝縮　ケ＝放出　イ＝伝わるモノ・陰　コ＝転がり入・出る
これをつなげると「奥深く凝縮したものが放出され、伝わるものが（向こうに）転がり入る」となります。
わかりやすく解説すると、「奥深くに凝縮した智恵を外に出して、社会に伝えそれが相手に伝わっていく」＝人生のしくみや宇宙のしくみを解説した本をどんどん社会に出すという意味になります。
個人の「人生のしくみ」を謎解きして、これからの人生のヒントにしてもらうだけでなく、「人生のしくみ」や「宇宙のしくみ」を謎解きして、それをわかりやすく解説して本に書くことが、私の仕事なので、それをまさに自分の名前が表現していると思います。
ぜひみなさんも、吉野信子先生が解読された「カタカムナ48音の思念表」を参考に、自分の名前が持つエネルギーを読み取ってみましょう！（174ページをご参照ください）
名前の音が持つエネルギーを読み解くと、魂としての働き、使命がわかってきます。より、自分の人生を理解してこれからの生き方に大きなヒントになると思います。

ついでに家族やお友達の名前も謎解きしてみましょう!

特に女性は、結婚によって姓が変わりますので、どんなエネルギーの家系に入ったのかを感じることができます。

さらに離婚のときに、どちらの姓のほうがいいかを読み取るのにも使えます。

詳しく知りたい方は吉野信子著『カタカムナ 言霊の超法則』(徳間書店)をお読みください。

宇宙のしくみは、カタカムナの数霊でも表すことができます。名前には、宿命、運命、使命がすべて含まれています。氏名は使命と同じ音シメイです。同じ音は、同じ意味を表します。

今回は、数霊《かずたま》も、同じ「カタカムナ48音の思念表」から、引き出して、それを足して、1桁《けた》の数字にします。

それを、またカタカムナ思念表で確かめると、数霊による、今回の人生の使命がわかるようになります。

日本語の48音を「ヒフミヨイマワリテメクルムナヤコトアウノスヘシレカタチサキソラニモロケセユヱヌオヲハエツヰネホン」と表現して、その順番に番号がふられています。

48音が、まず不思議な意味を持っています。48音＝ヨハネです。音は、本音《ほんね》の音《ね》です。ヨハネは聖書の中の「ヨハネの福音書」で有名です。「初めに言葉ありき〜」の言葉が宇宙の始まりであることを書いています。「カタカムナ48音の思念（言霊）表」を見ながら、カタカムナの数霊から宇宙を感じてみてください。

48音の通し番号は、「数霊」を表します。

思念表を見ながら、自分の名前の数霊を計算してみましょう。濁音はマイナスの数字になります。マイナスに計算します。

例えば、私の場合、オチケイコなので、

オ＝40　チ＝27　ケ＝35　イ＝5　コ＝16

これを足すと、40＋27＋35＋5＋16＝123

さらに1桁になるまで足すと1＋2＋3＝6　になります。

私の数霊は、6です。6＝マ　思念は受容・需要です。

宇宙一の夫も計算すると、伊地ヨン＝イチヨンなので、

イ＝5　チ＝27　ヨ＝4　ン＝48

これを足すと、5＋27＋4＋48＝84
さらに1桁になるまで足すと、8＋4＝12　1＋2＝3
夫の数霊は、3でした。3＝ミ　実体です。

吉野信子先生は、ヨ＝4　シ＝23　ノ＝20　ノ＝20　ブ＝-2　コ＝16　で、足すと、4＋23＋20＋20－2＋16＝81で、さらに1桁にすると8＋1＝9　になります。

信子先生の数霊は、9です。9＝テ　発信・放射です。

3人合わせて、ちょうど3、6、9となります。実体を受容して発信します。

369チームです。これには、びっくりでした。

ミロクの代、「弥勒の代」を作っていくチームだと、とても嬉しくなりました。

みなさんも、自分の名前を一音ずつ数にして、さっそく計算してみましょう！　自分の数霊がわかります。

夫婦や家族、仲良しの仲間の数霊を引き出して、数による関係性を謎解きしてみてください。面白いつながりが発見できるかもしれません。

面白い数霊チームを作りましょう！

ドナルド・トランプさんの名前も数霊で読み解いてみると、
ド＝-17　ナ＝14　ル＝12　ド＝-17　ト＝17　ラ＝31　ン＝48　プ＝2

17＋14＋12－17＋17＋31＋48＋2＝90　で

さらに1桁にすると9になります。トランプ大統領の数霊は、9です。

9＝テ　発信・放射です。

まさに、新しい政策を発信・放射していく魂さんです。選挙運動のときは驚く発言が多くて、当選してびっくりした方も多いかもしれませんが、トランプさんが、経営の才能を発揮して、アメリカを元氣にすれば、世界の国がお互いに認め合って統合する時代に入れると思います。

愛があふれている宇宙が、私たちの味方です。

楽しく大変革を乗り切って豊かな人生と地球を創造しましょう！

## カタカムナ48音の思念表（アイウエオ順）

| ワ | ラ | ヤ | マ | ハ | ナ | タ | サ | カ | ア |
|---|---|---|---|---|---|---|---|---|---|
| 調和 | 場 | 飽和する 8次元 | 受容 需要 | 引き合う | 核 重要なモノ 7次元 | 分かれる | 遮り 差 | チカラ | 感じる 生命 |
| ヰ | リ | | ミ | ヒ | ニ | チ | シ | キ | イ |
| 存在 | 離れる | | 実体 光 3次元 | 根源から 出(入) 1次元 | 圧力 | 凝縮 | 示し・ 現象 死 | エネル ギー 気 | 伝わるモノ 陰 5次元 |
| | ル | ユ | ム | フ | ヌ | ツ | ス | ク | ウ |
| | 留まる 止まる | 湧き出る | 広がり 6次元 | 増える 負 2次元 | 突き抜く 貫く | 集まる | 一方方向 に 進む | 引き寄る | 生まれ出る |
| ヱ | レ | | メ | ヘ | ネ | テ | セ | ケ | エ |
| 届く | 消失する | | 指向 思考・芽 | 縁 外側 | 充電する 充たす | 発信 放射 | 引き受ける | 放出する | 移る·写る· 映る |
| ヲ | ロ | ヨ | モ | ホ | ノ | ト | ソ | コ | オ |
| 奥に 出現する | 空間 抜ける | 新しい 陽 4次元 | 漂う | 引き離す | 時間を かける | 統合 10次元 | 外れる | 転がり入る 転がり出る 9次元 | 奥深く |
| ン | | | | | カ タ カ ム ナ | | | | |
| 掛る音の 意味を 強める | | | | | チカラが分かれたモノ（物質・生命体）と、そのチカラの広がりの核である | | | | |

## カタカムナ48音の思念（言霊）表

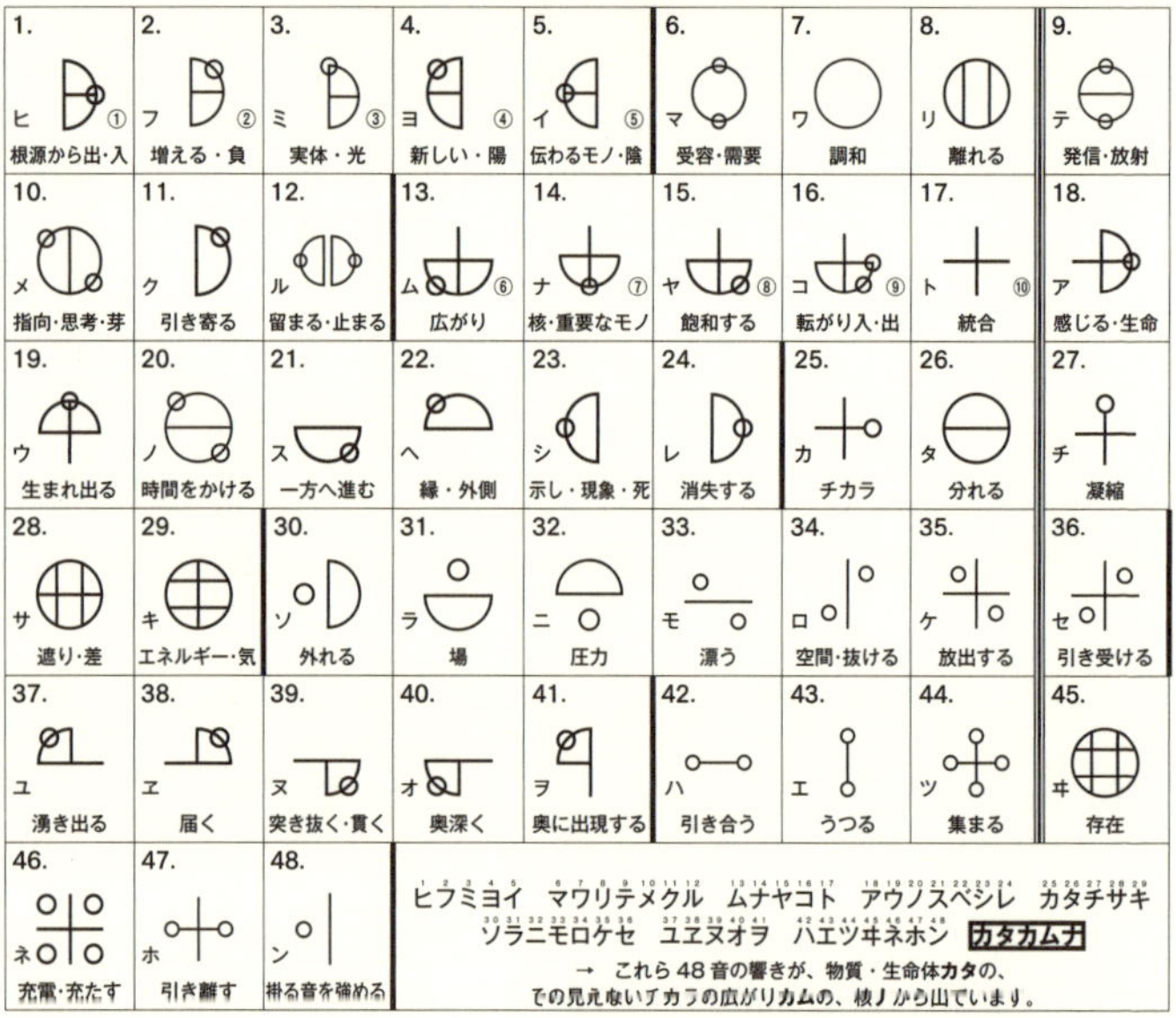


出典『カタカムナ 言霊の超法則』
吉野信子著

（注）①〜⑩までは、1次元から10次元まで表しています。
短い太いたて線は5字7字のウタの切れ目を表しています。
長い3重線は数霊に関連した線です（この本では説明を省略しています）。

# 第4章

# 宇宙のしくみに寄り添う生き方

## 見えない世界を感じて生きましょう

見えない世界を感じることがありますか？

3次元ではない、もっと精妙な波動の世界をふと感じられる瞬間があります。それを体験するほど、その世界へのつながりが深くなります。

私たちは、もともと光の存在で、5次元の世界から3次元世界までやってきました。本来の自分の世界を思い出すだけなのですが、あんまりどっぷりと3次元に長くいたので、本来の光の自分を忘れてしまっています。それを思い出すプロセスが今回の人生の大切な目的の一つなのです。

私の場合は、見えない世界が普通の人々よりも見えていたので、普通の人々が見えないものがどれなのかが、最初わかりませんでした。

天使や妖精や自然霊、そして霊も普通の人には見えていないことがわかるようになると、逆にどんなときに見えないものが見えるのかが感じられるようになりました。

逆から見てきた体験から、見えない力を感じる方法を紹介してみたいと思います。

よく見ると、うっすらと向こうの景色が透けて見えるのは、3次元の存在ではないこともわかってきました。時には時空を超えて、昔の光景と二重に見えることがあります。

医師になってすぐの研修医のとき、広島で心療内科の学会があって参加しましたが、原爆が落ちる前の広島の光景が、今の広島の光景とダブって見えて、びっくりしました。

まだ、そのときには、自分が直前の過去生で、広島市の大手町に住むひろし君という6歳の男の子で、ピカドンに爆心地であい、溶けて亡くなったことを思い出していませんでした。

でも、懐かしい魂のふるさとである広島市に35年ぶりに訪れたことで、スイッチが入り、私の記憶の中の広島市の映像がダブって見えたのだと思います。歩きながら、涙が自然にハラハラと流れて、懐かしい路地に入って、自然に足がそちらに運ばれていく不思議な力を体験しました。

普通では見えない世界が見えている私の人生を紹介しながら、見えない世界と3次元の世界の関係性を、少しでも理解していただけたらと思います。

子どものころ、「ママ、あそこに白いモフモフを着たおじさんがいる〜」と話しかけても、「そんな人いませんよ!」とすぐ断定的に否定され続けて、「ママは目が悪いんだ、可哀想だから、言うのをやめよう」と母へ報告するのをやめました。

自分中心に世界を見ていたので、てっきり母は目が悪いのだと思って同情していたのです。

とても優しかったのが、同居していた父方の祖父でした。

「おじいちゃん、納屋に燃えてるおじさんがいたの。まわりの板には燃え移らないの。熱そうだったから、水を一杯あげたら飲んでくれたの。お願い見てきて！」と言っても、祖父は、「それじゃ、ご挨拶してこよう」と言って、ちゃんと納屋に行って確認してくれました。

戻ってきてから、残念そうに、

「もう、帰られたあとだったよ」と優しく受け止めてくれました。

大人になってから、エンリケ・バリオス著『アミ　小さな宇宙人』を読んで、燃えていたおじさんが宇宙人だとわかりました。女の子から渡されたコップ一杯の水を飲んでくれた優しい宇宙人でした。なぜ、納屋にいたのか不明です。

スーパーマンのまねをして、2階の屋根から飛び降りようとしたときも、祖父は決して怒鳴らずに、庭に古いふとんを敷き詰めて、ウロウロしながら、飛んだ私を必死で抱きとめてくれました。

「ほら、飛べたでしょ」

「飛べた、飛べた、啓子はえらいのぉ～、よかった、よかった」と認めてくれて、ぎゅっと抱きしめてくれました。

現実主義の弟は、２階の屋根で私のスカートをひっぱりながら、「おねえちゃん、空飛ぶスーパーマンは、テレビの中のお話なんだよ、飛べないよ、ママにしかられるよ！　飛ばないで～」と必死で最後まで引き止めてくれました。

私が飛んでしまったあとは、すぐに庭まですっ飛んできて、祖父に抱かれた無事な姿を見て、号泣していました。でもすぐにケロリと泣き止んで、古いふとんの上で一緒に相撲をして遊びました。

家族の中に、一人でも不思議な面を受け止めてくれる人がいると、見えない世界が見える「不思議ちゃん」と呼ばれる私のような子どもたちは、本当に救われます。

私は祖父に助けられたので、祖父が認知症になって、徘徊《はいかい》したり、醬油を飲んだり、びっくりすることが多々あっても、祖父のそばを離れませんでした。徘徊で行方不明になっても父と一緒になって、必死に探しました。

いろんな霊ちゃんが祖父の身体を出入りしていたのを見ていたので、

「人生の最後まで、霊ちゃんに身体を貸してあげて、霊ちゃんを消せるおじいちゃんはさすがだなぁ」と尊敬していました。そのときは、認知症が迷っている霊に身体を貸して、成仏するお手伝いをしている「光の仕事人」とはまだわかっていなかったのですが、なんとなく役に立っていることを感じていました。

祖父の大きなおしめを金たらいで洗うのも苦ではありませんでした。足で踏み洗いをしながら、自作の歌をうたっていました。

冬は水が冷たかったので、「おじいちゃんは偉い、おじいちゃんは偉い」を繰り返し念仏のように唱えて、冷たさを紛らわせていましたが、そのうち切なくて泣き出していました。

父は三男でしたが、本家を継ぎました。

長男は、ビルマ（今のミャンマー）のジャングルで戦死しました。

祖父の部屋に、軍服姿の伯父の写真があって、小さいときから、その写真に話しかけて対話していたそうです。

ハンサムで優しい顔に、懐かしさを感じていたのだと思います。

時々、祖父のそばで、敬礼している伯父を見ることがありました。

「この伯父さんは、東大を一番で卒業して、金時計をもらったんだよ〜」と自慢している祖父のそばに現れて、にこにこ柔和な笑顔の伯父が大好きでした。

食べ物のないジャングルで、みんなに自分の分をあげながら、亡くなったと、生き残った兵隊さんから話を聞いたそうです。

「孝行は、人一倍優しかったから、あの子らしいなぁ」と、つぶやいて、遠くを見ながら涙ぐむ祖父を見て、ますます伯父が大好きになりました。

伯父は、祖父の話を聞きながら、そのうち涙を流して、敬礼して消えていきました。

だから、自然に自分も敬礼を覚えました。

それから、日本兵の霊たちを見ると、どうしても伯父のよう思えて、最敬礼して、「あなた方のおかげで、今の平和な日本があります。ありがとうございます！」と挨拶してしまいます。

後に、父と伯父のお墓参りをしていたら、伯父が出てきて、パッとアジアの少年に変わり、「もう生まれ変わって、チベットにいるから、いつか会おうね！」と言われてびっくりしました。父に伝えたら、「住所は聞いたか？」と言われもっとびっくりしました。いつかはいつなのでしょうか？　きっとまたベストタイミングがやってくるのだと思います。

# 沖縄での祈りの奇跡

最近、カタカムナ研究家の吉野信子先生やカタカムナを応援している仲間たちと一緒に宮古島に行ったとき、不思議な体験をしました。

新しくできた伊良部《いらぶ》大橋を渡り、ガイドの近角さんに案内されて、パワースポットに向かいました。ベテランガイドさんなのに、サトウキビ畑で道に迷って、ぐるぐる。さすがにこれは迷っているとわかるくらいの大回りでした。

やっとたどりついたところは、のどのチャクラを活性化する場所で、中が洞窟《どうくつ》になっていました。ヌドクビアブという史跡です。

近角さんが、洞窟に入る前に、解説をしてくれました。

「今日はなぜか方向感覚がわからなくなって、ぐるぐる舞いをしました。これはさせられていると思いました。ここは、のどのパワースポットです。洞窟の中には、戦争中に日本兵が立てこもっていました。今、宮古島が危機に面しています。国が中国への抑止力として、ミサイル基地を作っています。そうなると、またこの島は争いに巻き込まれてしまい

ます」と戦争の話になったら、洞窟や周辺から、日本兵の霊たちが続々と集まってきて、敬礼しながら、

「お呼びですか？　私たちが、必ずお守りします！」と反応してきました。

びっくりしながら、

「みなさまのおかげで、今の日本は平和です。ありがとうございます！　まずは、みなさまどうぞ光にお帰りください。そして光としてこの島と日本をお守りください」と心の中で最敬礼して話しかけながら、愛の祈りをしました。

１００人くらいの日本兵の霊のみなさまが、次々に光に帰っていかれました。

キラキラと白に虹色が混じって輝いて、それは美しい光の虹色の柱でした。

宮古島に約3万人もの日本兵が駐留し、そのうち２５６９人の日本兵が戦死しましたが、ほとんどが戦いではなく栄養失調とマラリアで亡くなりました。戦後71年もたったのに、まだ光に帰らずにその場に残っていた霊たちがいたのです。

迷いながらたどりついたのは、まるでスクールバスのように、いろんな場所で亡くなられた霊たちをピックアップしていたのだと、わかりました。

解説が終わって、いよいよ洞窟の中に入っていきました。

入り口の拝み場所で、水やみかんやお菓子など、自分たちが持っている食べ物をお供え

にして、アマテラスのマントラやカタカムナの48音を唱えるなど、祈りをしっかり捧げました。

250人くらいの日本兵の霊たちが光に帰っていきました。

パワースポットのところで、思いがけず日本兵のみなさまの成仏への祈りを捧げる、大切なセレモニーになりました。

これから沖縄を中心に、平和の祈りの奇跡を起こしていくための素晴らしいスタートになりました。自然に導かれてきました。

沖縄本島に帰ってきたときも、150人くらいの日本兵の霊がついてきていたようです。天の舞の天使ルームで、アロママッサージを受けたときに、「啓子先生、そのおびただしい日本兵の方々は、どうしたんですか？」

「伊良部島のパワースポットで、日本兵への祈りをしたのよ！」

「もう一度空港に行って、観光客のみなさんにお願いしたらいいですよ」

と言われて、もう一度那覇空港に行って、美味しいお寿司を食べました。

一緒にお寿司を食べた日本兵の霊のみなさんが、美味しいと涙を流して、昇天していきました。美味しいお寿司で成仏されました。また、50人くらい、観光客の方々について、ふるさとに戻っていきました。

あとの100人は、翌日の笑いヨガのイベントを待っていました。

インドに笑いヨガティーチャーのコースを受けに行ったときに出逢った沖縄の笑いヨガのメンバーが、沖縄の名物バスガイドさんを呼んで、イベントをすることになっていました。私も参加する予定でしたので、日本兵の霊100人を連れて出かけました。200人の会場は、100人の参加者と日本兵の霊100人でちょうど満席となりました。

そこから、思いがけない展開になりました。バスガイドさんによる楽しい歌とお話の後に、一人芝居が始まって、沖縄戦の悲惨な歴史が演じられたのです。

参加した100人の人々が泣き始めました。100人の日本兵の霊たちも泣き出しました。私ももらい泣きしました。日本兵のみなさんは、泣きながら、一人ずつ光に帰られました。涙での大解放でした。

本当に、「すべてはうまくいっている」としみじみ思いました。

笑いヨガのイベントで、まさかの涙の解放でした。

笑いヨガ仲間に聞いたら、ぎりぎりまで、笑いでなく涙になってしまう沖縄戦の一人芝居をやるかどうか悩んだそうです。やっていただいて、本当によかったです。

笑いの底には悲しみがあるのです。

沖縄の人々の笑顔の土台には、中国、薩摩《さつま》、アメリカと続いてきた悲しみの歴史があります。
底抜けに明るいのは、たくさんの涙を体験してきているからです。
思いがけず、沖縄戦の大解放ができました。身体が軽くなって、ほっとしました。
これが、私の不思議な日常です。
見えない世界との接点がずっとありながら、共存して生きています。

## 守護天使とつながりましょう

最近、空を見上げて、雲がいろんな形に見えることがあります。
よく見えるのは、龍の形をした雲です。一般的には、龍神雲と呼ばれています。
「先生、こんな写真が撮れました。これは龍神雲ですか?」
と、龍の形をした雲の写真を見せてくれることが多くなりました。
時には、円盤雲の写真もあります。
まるで、宇宙船がその雲の中にいるかのように、本当にリアルに感じられるのです。
イルカの雲、鯨《くじら》の雲、天使の雲など、他にも面白い形の雲が写真に撮れて、フェイスブックに紹介されることも増えてきました。

私たちの意識が高まってきて、自然に空を見上げるようになってきたのです。見えない世界の存在が、私たちを楽しませてくれているのです。

こちらからも、もっと意識を向けると、コンタクトの頻度が増してきます。

自分専用に守ってくれている守護天使も、私たちのだいたい右上にいます。

魂さんが生まれる前に書いた人生シナリオを前もって読みながら、事前の段取りをしてくれます。最近は、意識の変容によって、パッと氣が変わっていくので、その都度シナリオが変わっていきます。まるで生きたシナリオです。アドリブも満載です。

思いが人生を創っているからです。

この本でも、今まで紹介してきた宇宙法則「引き寄せの法則」から、新しい「選択と共振の法則」、そして今回の本で初登場した「ゆるゆるの法則」が加わって、ますます人生シナリオが生き生きとしてきます。

それをさらに面白くしてくれるのが、見えない世界のメンバーたちです。

まず、守護天使について、紹介したいと思います。

生まれる少し前から、今回の人生の応援をすることが決まった天使が専属でそばにいるようになります。マスターが3人くらい、シナリオを書くときからアドバイスしますが、守護天使はそばにいてもシナリオの内容については口を出さずにプロセスを見守っています。

そのとき同席することによって、大体の人生の流れがつかめるのです。

守護天使は、生まれる少し前から、光に帰ったあとまで、ずっとそばにいて親身に応援してくれています。右肩の上にいるので、時々右手で触ってあげてください。守護天使の存在を認めて、「天使さん、そこにいるのね〜いつも応援をありがとう〜」と声かけしてあげると喜びます。黙って守っているので、やはり存在を認めてあげると、私たち人間と同じようにとても嬉しいのです。

ニックネームをつけてあげて、イメージで抱きしめてあげると、さらに励みになります。

私は、桜が大好きなので、自分の守護天使に「さくらちゃん」と名前をつけました。普段の生活では、名前を連呼しないで、短い言葉でパッパッとコミュニケーションしますが、ずっとそばにいてくれる、心強い存在です。

守護天使は、日常でいつも対話する相棒になっています。

本を書くときも、天使が早朝起こしてくれて、朝飯前にパタパタとノートパソコンを叩いています。天使が生の目覚まし時計です。

今3時47分です。セミナーが終わって、本当はゆっくり寝ていたいのに、締め切りが近いので、容赦なく天使は起こしてくれます。そのおかげで本ができるのです。

あなたも、右上にいる守護天使を意識して、密度濃く交流を始めてみませんか？

**まず、孤独感が消えます。**

**守られている安心感と幸せな氣持ちに包まれます。**

守護天使とのつながりを深めるワークを思いついて、最近やっています。

「私は天才、天使とツーカー！」と言いながら、最初は両手を広げて、「私は天才！」を唱えて、右人差し指で右上を指しながら、「天使とツーカー！」を声に出して言います。

若い方は「ツーカー」の意味がわからないかもしれません。

「しっかりとつながっている」という意味です。

3回くらい、このワークをやってみましょう！

きっと、あなたの守護天使が大喜びです。

いつも、あなたを守ってくれていますが、意識を向けて認めてあげると、とても喜んで笑顔で応援してくれます。右上の空間が温かい感じがしてきます。

日常で何か選択を迷ったときに、天使に聞いてみると、ふと直感でどちらがいいかが、わかるようになります。

4年前に、ネパールに行ったとき、お寺の近くの仏画店の入り口に飾られていた大きな海のマンダラの絵に、一目惚れしました。どうしても欲しくなって、お店の人に聞いたら、それは店の看板になる仏画で、売り物ではないと言われました。かなり有名で優秀なお坊様の作品でした。

それでも欲しくなって、天使のさくらちゃんに聞いたら、

「啓子ちゃん、ここは頑張ったほうがいいわよ！」と背中を押してくれたので、愛を込めて拝むように何度もお願いしたら、承諾してくれました。それも破格の値段でした。あとからわかったのですが、10分の１くらいの価格で譲ってくれたのです。

大きな筒に入れて、ずっと抱えて歩き、ネパールのパワースポットのパワーを十分チャージしながら沖縄に戻ってきました。

宇宙一の夫に見せたら、

「大きいね！　見事だね！　天の舞には大きすぎて、飾れないから、これを飾れるような研修施設を作ろう！」ということになってしまって、本当に隣に海の舞ができてしまいました。びっくりです。海の仏画は、２階の和室に飾られています。海の舞のパワースポットになっています。

完全に衝動行為でしたが、海の舞ができるきっかけになったので、やはり頑張ってみてよかったです。とても熱心にお願いしたとき、自分がマニ車になったかと思うほど、海の

マンダラへの熱い思いのエネルギーが、くるくる回っていました。

きっと、天使には、海の舞を将来作ることがわかっていたのでしょう！

人生のシナリオを先に読んで、大切なところはアドバイスしてくれます。

さくらちゃんの存在は、日常で欠かせない大切な相棒です。

## 指導してくれる存在もいます

守護天使の他に、一時的に指導してくれる存在もあります。

今は、地球の内部のシャンバラという世界にいるミコスさんという方がアドバイスの係りでそばにいます。

天の舞ができたときに、初めて登場してその大きさにびっくりしました。

４・６ｍもあります。今は慣れてきました。

彼が担当するエーゲ海の図書館に時々意識で訪ねている氣がしています。

今回の本を書くために必要な情報が、ミコスさんを通じて、自分の宇宙の源からきているのです。

もし、天使以外の温かい氣配を感じたら、守護天使以外にも光の存在がそばにいて応援してくれています。

高校生のころに、うっかり守護天使にプロポーズをしてしまったことがありました。今は「さくらちゃん」と呼びかけるほど女性的ですが、そのころは、私好みに合わせてくれたのか、とても凛々《りり》しいイケメンだったのです。

当時は、守護天使を認識している人も少なく、さらにプロポーズをするとんでもない人もいなかったらしく、天使会議が開かれて、特別の措置で、白ひげのおじいちゃんに交代してしまいました。それも守護天使ではなく、指導霊になぜか変わってしまいました。

私にとっては、ダブルパンチでした。なぜなら、高1のときに、山岳部のキャプテンに愛の告白をして、見事に撃沈したあと、失意の中にありました。

魔が差してではなく、天使がちらついて、つい大切な守護天使にまで、プロポーズしたのです。

どう考えても無理に決まっているのに、見えない世界と見える世界が私には同じに見えていて、混同しました。それからは、指導霊のおじいちゃんに、しっかりとこの3次元で生きていくための、いろいろを指導されました。

今思えば、このプロセスも天意だったのかもしれません。

あれから、何十年たったでしょう?

その間に、見えない存在ではありませんが、かなりそれに近くて、肉体も持っていらっしゃる指導霊のような方に出逢いました。

お話がシンプルで、軽やかで、漫談のような笑いと大きな愛にあふれた五井昌久先生です。世界平和の祈りを指導されていて、本当に明るい方です。自分の指導霊よりもずっと若くて、心引かれました。世界平和の祈りにもはまりました。

あちこちに平和の塔を立てて、とうとうロンドン大学に留学中に、スコットランド、イングランド、ウェールズに、27本の平和の塔を立てました。楽しい思い出です。

ロンドンにいる間に、残念ながら、五井先生は光に帰られてしまいました。また失恋したかのようなショックを受けました。

それからは、生の指導霊にはつかず、おじいちゃん指導霊のひょうきんさに助けられて、そのうち、女性的な守護天使も登場して、「さくらちゃん」が活躍してくれています。

2015年の5月に、また生の指導霊にお会いできました。

宇宙の真理について、指導していただいている上江洲《うえず》義秀《よしひで》先生です。

自著『「笑い」の秘密』(廣済堂出版)と『魂の力』(青春出版社)にも紹介しましたが、時空を自由に行き来している方です。明想(上江洲先生は瞑想を明想と表現します)をずっとされて、たくさんの人々にも明想をすすめています。明想の間に消えたり、ワープしたり、戻ってきたり、自由自在です。

沖縄で、毎月1週間、上江洲先生の光話会と明想指導があります。最終日に前座を20分務めさせていただいていますが、最近、参加しているみなさんにアニメ映画『君の名は。』を紹介しました。「パラレルワールド」をすでに日常で体験している上江洲先生にも見てほしいと思いました。上江洲先生は、脳の活性化による多次元世界体験を描いた映画『LUCY／ルーシー』をすすめていらしたので、ぜひ覚者から見た感想を知りたいです。

上江洲先生は、日本に近い大国の中国の人々の意識が変わらないと平和にならないと、熱心に中国の方々へ、真理の光話を伝えておられます。沖縄にも毎月熱心に中国や台湾からも参加されています。

これから、口コミで、中国や台湾にもこの映画『君の名は。』が広まっていきます。お隣の大国である中国の人々の意識が、明るく平和に変わってくると、友好関係が広がって、平和への大きな一歩になります。

毎月、数十人でも中国の人々に明るい意識変革のお手伝いができればと思って、上江洲先生の前座を楽しく続けています。

この本を書いているとき、名古屋からの飛行機の中で、とても不思議な体験をしました。満席の沖縄便で、私の右隣の席が空いていました。満席なのに、びっくり！ちょうど、上江洲先生の本『「気づき」をあなたに～見えないものが見える本』（青萠堂）の「私の明想方法」のところを読んでいたら、隣の席に上江洲先生がいらしていました。びっくりポンです。もちろん肉体ではなく、エーテル体での登場でしたが、「一緒に明想しましょう！」とおっしゃって、手をつないで明想したのです。

本当に手の感覚があって、びっくりと感動の嵐でした。

空を飛んでいましたが、さらに天にも昇る氣持ちでした。不覚にもそのまま氣持ちよく眠ってしまい、目が覚めたときには、もう上江洲先生の姿はありませんでした。

上江洲先生の本を読んでいたので、きっと引き寄せたのだと思います。さらに、この本に書くことになっていて、隣の席が空いていたのでしょう！

それにしても、予想外の体験にびっくりポンでした。しかも、そのあとの自分の感じがまったく変わってしまったのにも驚きました。

まわりがとても輝いて見えて、世界が広がったような感覚です。これは少し波動が上がったのかもしれないと思いました。

名古屋での頑張りが宇宙に認められたのかもと嬉しくなりました。

16年間通って、春と秋に年2回続けて、ちょうど、30回目の講演会でした。感無量です。そのご褒美がこの流れかなと思うと、本当にありがたいことです。

上江洲先生は、私にとって、生の指導霊のような存在です。肉体を持っているのですが、瞑想中に波動が上がると肉体が消えてしまったりします。私はまだそこまでには至っていませんが、目標ができて、嬉しいです。時々、波動が高くなると祈りのあとなどに、発光写真が撮れます。

あなたのそばにも、肉体を持った指導霊のような素敵な人がいませんか？もしいたら、とってもラッキーです。ぜひ、その人が地上にいる間に学び、宇宙の真理を吸収しましょう！

きっと、ベストタイミングに起きると思います。

自分が本当によく頑張ったなと思うときに、次のステップに進むのです。

まるで、ゲームのようです。最近、人生はゲームのようだとしみじみ思うのです。無限に続けられるゲーム、でも飽きたら、やめてもいいゲーム。3次元でのゲームは、とてもよくできていて、本当にリアル感にあふれています。

作ったのは、私たち自身です。

実は、宇宙も私たちの思いでできました。

## 人生はよくできた壮大なゲームです

私たちは、それぞれがすばらしい宇宙を持っています。そこからいろんな情報を得ることができるのです。それがわかると悩みが激減します。あまり他人のことを氣にしなくてすむようになるからです。

人生は本当に舞台のような、ゲームのような感じです。最近特にゲームの要素が強くなってきて、軽くなってきました。

みんなの意識が高まってきて、この世がとてもリアルによくできているけど、もしかして、いつも遊んでいるゲームの世界と似ているなぁ～と氣づいてきています。この世がバーチャルな仮想世界で、あの世が実像の世界なのです。

だからといって、この世をおろそかにしていいという意味ではありません。

**あまり深刻にならなくてもいいということです。**

**人生ゲームの感覚を少しでも持っていると、自然にゆるゆるになって、あまりこだわらなくなります。こうあらねばならないというねばねば感が薄くなって、そのうちになくな**

**ってしまいます。**

「いいんじゃない～」

「お好きなように～」

と、心底まわりの人に言えるようになります。

そう言える自分も楽で、幸せいっぱいになります。

その人は、この体験というゲームをしたくて、やっているのだから、それでいいのだと思えるようになります。

このことがわかると、誰一人被害者がいなくなります。

だって、ゲームを楽しみにきているのですから。

深刻さはゼロです。

笑いが出てきます。

だから、面白がることをおすすめしています。修行ではなく、ゲームなのです。おっと、修行というゲームを自分で選んでやっているのです。それを苦しみながらやっても、楽しみながらやっても、どちらでもＯＫなのです。

だんだん軽くなってきたでしょう？

私たちは、みんな魔法使いのようにいろんな魔法を使えるのですが、それに氣づいていません。いろんな魔法とは、宇宙の力を活用することです。そのために宇宙とつながることが大切です。

ヨーロッパ時代に、魔女狩りという悲惨なことが600年間も続きました。その間、亡くなった女性が1000万人もいたそうです。私もその中にいます。1回だけでなく何度も似たようなつらい体験をしたことがあります。

そのせいか、魔女や魔法は、迫害の象徴のように見えます。それでもいろんなマジシャンが次から次に現れて、私たちの潜在意識に、自分も魔法が使えるかもしれないという、ゆるゆる感が生まれてきます。トリックがあると謎解きすることもありますが、どう見ても、魔法を使っているかもしれないと思えることがあります。

大好きな魔術師セロがテレビに出ると必ず見ます。

YouTubeでも見ることができますが、あまりにも不思議で、魔法としか思えないです。ポスターに描かれたハンバーガーを取り出して、本物にするのです。食べてからまたポスターに戻すと、一口かじられたハンバーガーの絵が残ります。

中国の繁華街を歩いていて、竹細工のバッタを手にして、パッと手を広げると生きているバッタがそこにいます。本当に魔法のようです。

日本で、アジの開きに水をかけて、生きているアジに変えたこともありました。これもどんなトリックがあるのでしょうか？

もしかしたら、魔法かしらと信じてしまいます。

時々、マジックを見て、可能性の幅を広げましょう！

もしかしたら、あなたもマジシャンだったり、魔法使いだったりしたかもしれません。

その世界は、より見えない世界に近づいています。宇宙の力を最大に発揮できると思います。


**不思議な世界に意識を向けてみましょう！**

**毎日展開するいろんな出来事も、すべては自分が生み出した世界です。**


龍神雲を見たいと思っていると、そう思ったことを忘れたころに空をふと見上げて、龍神雲を見つけ、びっくりします。今日はラッキーだと。

でも時差があるから覚えていないだけで、自分の思いでクリエイトしているのです。そのからくりを理解できるようになると、さらに心に余裕ができて、毎日の生活にゆるゆるが生まれます。

「ゆるゆるの法則」が発動します。

宇宙としっかりとつながって、奇跡が起きやすくなります。

表面意識は、なかなか、氣づかないかもしれません。何度も続くようになるとさすがに、何でも思うとおりになっていることに氣がついてきます。

宇宙が自分に味方していると、しみじみ思えるようになってきます。

あなたも「ゆるゆるの法則」で、宇宙とつながってみましょう！

## ユニコーンを意識して、アンテナをイメージしてみましょう

もう一つ、大切なことが、ユニコーンを意識することです。

びっくりされるかもしれませんが、ツイている人には、ユニコーンの角《つの》のような渦巻き型のアンテナが頭頂部にツイ（つい）ています。

ギャグのような話ですが、自然に笑いながら読んで、ついてきてください。

スピリチュアルには、とても大切な解説になります。

ここからぐんと、メルヘン調です。

ユニコーンは、一角獣とも呼ばれていて、頭の上に渦巻き状の角がある白馬のような生き物です。その角は、武器にするためではなく、実はアンテナなのです。

宇宙からの情報とパワーを受け取ります。

宇宙をしっかりと味方につけているのです。

懐かしい星からの情報とパワーをこのアンテナを使ってゲットしています。

宇宙とつながる便利なアンテナは、私たちにもあるのです。

3次元的には、つむじしか見えませんが、意識すれば、必ずつむじの上に立体的な存在がはっきりとしてきます。それをイメージで身体ごと見せて、スピリチュアルに刺激してくれているのが、ユニコーンの存在です。

すでに、クリニックでは、ユニコーンの渦巻きの角のようなクリスタルを使って、ヒーリングしています。渦巻きの角の形をしたセレナイトという、変化を助けるクリスタルを使っています。

2015年の8月に、アメリカ、カルフォルニア州のシャスタ山に行ってゲットしてきました。そのときは渦巻き＝スピンにはまっていたので、形に引かれて手にしました。あとから頭に乗せたら、ユニコーンになると発見したのです。

シャスタ山は、ネイティブ・アメリカンの聖地で、麓《ふもと》には、クリスタルを扱うショップがいろいろあります。

シャスタ山に移り住んだ、ネイティブ・アメリカンのジョンさんから、変化を助けるセレナイトの渦巻き状のクリスタルを譲ってもらいました。手に持つとズンと重みがあって、ちょうどユニコーンの角にぴったりの大きさです。

最近、その渦巻き状のセレナイトがクリニックで大活躍しています。

手に握って、つむじのところに立てて、ユニコーンの角をイメージしてもらっています。

みなさん、わくわくしてはしゃぎ、インナーチャイルドが大喜びです。昔ユニコーンと一緒に遊んでいた人やユニコーンだった人は、すぐに懐かしくなって、ニコニコと笑顔があふれてきます。

ユニコーンのカードもあります。いろんなカードを提供しているドリーン・バーチューさんの『ユニコーンオラクルカード』（ライトワークス／渡辺京子訳）という素敵なオラクルカードです。波打つ金のたてがみを持ったユニコーンに、長い金髪の女性がしっかりしがみついて乗っている表紙です。

それには、「ユニコーンは、人々を幸せにする天使のような存在で、子どもたちには見えます」と書かれています。

もちろん、子どもたちだけでなく、子どものように無邪氣でピュアな自然体の大人にも見えます。

今、さっそく一枚引いてみたら、「Hello and Good-bye」のカードが出ました。

解説書を読むと、「出会いと別れ、あなたはこの変化が物事を好転させてくれることにまもなく氣づくでしょう」とありました。

「あなたはこの変化が終わるまで、安全に守られています。人生では、数多くの変化を体験します。あなたに合わなくなったものに別れを告げます。

過去に別れを告げると、学んだ愛や教訓は永遠にあなたの胸の中で生き続けるのです。それは生涯もち続けることができる宝物です。

未来に恐れるものは何もありません。明るく楽しい未来が見えます。面白いことがたくさん待っていますよ！」

とても素敵なメッセージでしたので、ここで紹介します。
これは、私たち地球人みんなへのメッセージのように感じます。
これから、本当に面白くて、素晴らしい変化を私たちは体験できるのです。
ユニコーンからの素晴らしいメッセージに感動しました。

そういえば、自著『人生の創造』（徳間書店）の、第三話「多次元の世界へようこそ」に、

ユニコーンの話を書いたことがありました。（106ページ）

東京時代に、馬好きな女性が大事そうに、小さなクリスタルを2つ可愛い巾着に入れて、クリニックにやってきたことがありました。一つは、ユニコーンの角のような渦巻き状の形をしていました。もう一つは、ペガサスの翼のような形です。なんと朝起きたら、枕の下に2つともあったそうです。

ベージュの色で、ジャスパー（めのう）というクリスタルにそっくりでした。何もないところに突然現れるのは、次元を超えています。意識が柔らかくなって、波動が高まると、自然に違う次元を超えて物や人が行き来をします。

彼女の場合、馬が好きで過去生に真っ白いユニコーンやペガサスと一緒に遊んだことがあって、それを思い出して欲しくて、物質化現象を引き寄せたのです。

ちょうど彼女は、馬が大好きですので、ユニコーンやペガサスと聞いて、とても喜んでいました。彼女のバッグにも可愛い馬の飾りがぶら下がっていました。

ユニコーンやペガサスは、3次元の動物ではなく、4次元や5次元にいる天使的な存在です。私たち人間の意識が4次元や5次元に近くなっていると、姿が見えることがあるのです。

わざわざクリスタルを物質化するという、3次元に存在を現してまで、コンタクトしてくるのは、よほど縁が深いときです。本人がユニコーンやペガサスだったときもあると思います。

そうでなくても、目に見えない世界が大好きで、家族や職場でも浮いていた彼女が、元氣になって、ユニコーンの渦巻きの角で、アンテナをイメージして、宇宙からの情報とパワーをもらいます。さらに、ペガサスのように翼を広げて、自由自在に意識が飛べるようになったと思います。

今この本を読んでいるあなたも、きっと今がベストタイミングです。

ユニコーンに意識を向けて、つむじの上に素敵な渦巻きの角が生《は》えていると思ってみましょう!

どんどん宇宙とつながって、面白い現象を引き寄せるようになります。

## ユニコーンからのアプローチ

今回、ユニコーンが登場したのは、本人から、ではなく「本馬ユニコーンから」(このほうが正確な表現ですが)、

「私のことをぜひ本に書いてください！」と力強いアピールがあったからです。

その前兆として、これを書く2カ月前に、2章でもお伝えした幸せの国ブータンに行きました。まず有名な崖の上のタクツァン僧院に馬で登りました。

私は白馬に乗りました。大きな白馬だったので、短い足を必死で伸ばして、股が痛くなりました。しかも、昔の私と似ていて、困難な道が大好きな白馬でした。わざわざ困難な道を選ぶので、大きく揺れながら、落ちないように必死でバランスをとりました。

なんとか無事に1時間登れて、そのあとは、歩きでしたが、大好きな馬に、それも白馬に乗れて、わくわくでした。

まさか2カ月後にユニコーンからのアプローチがあって、本に紹介するようになるとは思ってもみませんでした。

私は、小さいときから妖精や天使や霊が普通に見える「不思議ちゃん」です。大人になってからも、ずっと3次元以外の次元の存在が普通に感じられるのです。それなのに、医者になっているので、時々違和感がありますが、だからこそ、見えない世界のことを本に書いて紹介する役目があると思っています。

ユニコーンは、ヨーロッパでは、時代によっては人々に見られていたことがあったようです。

イギリスやアイルランドやドイツなどの森の中で、霧がたちこめているとき、夕暮れや朝焼けのときなど、４次元や５次元世界との境が薄くなって、姿を見せていたそうです。時空はゆるやかな存在なので、自然界の中でも、次元の扉が開いていることが多いのです。特に北アイルランドやイギリスは、妖精の世界とつながっているところが多くて、妖精やユニコーンが森や花畑の中で普通に見えることがあります。

花や森が大好きな人々で、太陽系の、木星、金星、土星に縁がある魂さんは、妖精やユニコーンにつながることが多いのです。

自然に見える状況に導かれて、森の奥深くや湖のそばなどに行って、視界がぼやけて、もやっとした時空になったとき、ユニコーン・チャンネルにピタッと合うのです。

ヨーロッパでユニコーンが絵に描かれてきたのは、魂の縁と見えやすい状況が重なったときに見ることができて、絵に描いたのだと思います。

一番出逢えるのは、夢の中です。夜だけでなく、昼間森の中や花畑でまどろんでいるときに、条件がそろいやすくなります。

**もし、ユニコーンを見たり、感じたりしたら、あなたは、かなりスピリチュアルに目覚めています。**

**自分の中の宇宙に、人々のために役に立ちたいというキリスト意識が芽生え始めていま**

す。

実は、南ヨーロッパでは、ユニコーンがキリストの象徴とされてタピストリーやクッションの織物に若い女性とユニコーンとバラの花のモチーフが描かれています。キリストとマグダラのマリアを表現しているそうです。

ユニコーンをイメージして、愛に満ちた宇宙とつながるアンテナを、つむじの上にしっかりと確立しましょう！

天から、そして宇宙から無限の愛、無限の光、無限のエネルギーをもらって、自分の中からも無限の愛、無限の光、無限のエネルギーをあふれさせましょう！

それを一瞬でも感じると、意識が飛んで、どこかへ行ってしまいます。

はっと我に返って、「えっ、ここはどこ？」と思ってしまいます。

とんでもなく遠くに意識が飛ぶと、「私は誰？」と今の自分が何者かもわからなくなります。個であることを忘れるくらい、「大いなるすべて」に包まれるからです。

ユニコーンの渦巻きの角が、いろんな宇宙、いろんな銀河からの必要な情報とパワーを受け取って、ユートピアや平和へのヒントやインスピレーションが受け取れる状態になってきた証拠です。

ユニコーンを意識してみましょう！

右手で渦を巻きながら、「ユニコーン、プリーズ!」を3回言ってみましょう! ユニコーンが、「お呼びですか?」と近づいてきてくれます。


「ユニコーン、プリーズ!」

「ユニコーン、プリーズ!」

「ユニコーン、プリーズ!」


今までは、「アセンション(次元上昇)・プリーズ!」という言霊を、キャビン・アテンダントの「アテンション・プリーズ!」のようにワークで使ってきましたが、これからは新しく、「ユニコーン・プリーズ!」もプラスしてみましょう!

きっと、あなたの素敵な「おめでたさ」も倍増して、笑顔が絶えず、わくわくが増してきます。

「ユニコーン・プリーズ!」

ユニコーンの渦巻き角を立てて、しっかり宇宙とつながります!

今必要な情報とパワーをしっかりゲットします!

「私はいつもツイていいます!」も、ついでに言ってみましょう!

## 白は見えない世界とつながる色です

もっと世界観を広げたい人は、ペガサスをイメージして、白い翼を大きく広げて、大空や宇宙を自由に飛びましょう！

意識がぐんと広がり、行動範囲も大きくなります。ペガサスを意識すると、どんどん自分の世界が大きく広がって、人間関係も幅広くなります。いろんな人と知り合うようになります。

私がペガサスを意識するようになったきっかけがありました。

東京から沖縄に、１９９９年に移住しました。

初めて連れていってもらったパワースポットは、南城市にある斎場御嶽《せーふぁうたき》です。有名な巨石が重なってできた、二等辺三角形のところを見たときに、真っ白のペガサスが飛んでいくのが見えました。

「飛び立つイメージがとても印象的だったので、油絵で「斎場御嶽」を描いたときに、白い光の中にペガサスが奥に飛んでいく姿をまず描きました。

飛びたくなる絵にしようと、岩の中にいろんな種類の天の浮き船を描いてみました。その上からペガサスのところは、真っ白い光に、天の浮き船のところは実際の岩のように重ねて描いています。

最近、セミナーのときの瞑想で、ペガサスが出てくる人が増えてきました。

ユニコーンと並んで、ペガサスは、天使と同じ翼を持っているので、飛ぶイメージにぴったりです。

飛ぶイメージは、意識の自由度を象徴しています。

ペガサスだけでなく、白龍も最近意識するようになりました。

龍が好きな人は、特に白龍との交流が多いかもしれません。空を見上げて龍神雲を探してみましょう！

お天氣のことを龍に頼むと、しっかり最高のお天氣を演出してくれます。

「龍、よろしくね！」とお願いすると、素晴らしくほどよい天氣になります。

もちろん、必要なときにはきてくれます。

龍にも赤龍、青龍、黒龍、白龍といろんな色の種類があります。白龍が一番パワフルで、幅広く活動しています。それも白金龍（プラチナ）が最強です。

3年前に、伊勢神宮の倭姫宮《やまとひめのみや》にお参りしたときも、祈りのあと、空から白龍に乗って、倭姫さまが登場したことがありました。「今日から私の手足になってください」と言われて、とっさに「少し短めですが、よろしいでしょうか？」と答えたことがありました。とても懐かしいです。

そのときの倭姫さまのイメージを50号のキャンバスに描いて、沖縄県恩納村《おんなそん》に作った「癒しと遊びの広場　天の舞」のショップに飾っています。

倭姫さまの絵から飛び出したように、そっくりの衣装を作ってもらって、言霊ワークで着用しています。自然に私も白い龍に乗っている氣分になれます。

白龍は、最近大活躍しています。あちこちでお呼びがかかっているのでしょう！　龍とは、本当によくつながっているので、とうとう『「笑い」の秘密』を出した出版社から、「龍について書いてください！」と思いがけない嬉しい依頼がありました。きっと龍からの依頼だと思います。ユニコーンの次は、龍です！

沖縄本島の最北部にあるアジア最大のパワースポット、大石林山《だいせきりんざん》にも白龍の池があります。白龍は、忙しくて出払っていることが多いです。

統合のときを迎えているので、白鳥、白馬、ペガサス、ユニコーン、白龍、ホワイトライオン、ホワイトバッファロー、白イルカ、白鯨など、白い生き物が登場して「いよいよ統合の時代ですよ！」と教えてくれています。

もちろん、いつも応援してくれている天使も白です。

色として、白は「統合」「平和」「調和」を表す色なので、どんな種類の生き物でも、白は大切なメッセージを持っているのです。

南アフリカの元モデルだった女性、リンダ・タッカーさんが、女性のシャーマンにライオンから命を助けてもらってから、不思議な縁ができて、『ミステリー・オブ・ザ・ホワイトライオン』（ヒカルランド）という大著を書いています。

大切なホワイトライオンが絶滅しないように、必死で訴えています。

ホワイトライオンが出現している地点を結ぶと、エジプトのギザのスフィンクスにつながるそうです。スフィンクスがいよいよ動いて、スイッチが入ると、地球の地軸に連動して、新しい地軸が誕生します。大切な地軸に影響があるのです。

ネイティブ・アメリカンのラコタ族の教えにも、ホワイトバッファローが現れたら、世界が変わるという言い伝えがあります。その化身がホワイト・バッファロー・カーフ・ウーマンです。平和になるときに、女性性が、特に女神性が開いてきます。

海でも、白イルカや白鯨がいます。

白イルカは、ひょうきんな可愛らしさで、水族館で大人氣です。

さすがに白鯨は、写真や動画でしか見たことがありませんが、迫力がありました。

クリニックでも、最後のバンザイをするときに、目の前の入り江に白い鳥が現れて飛び立つと、天からの祝福を感じて、とても嬉しくなります。

もちろん天使も、白い翼を広げて、意識で私たちも飛べることに氣づかせてくれていま す。

あなたが、どんどんスピリチュアルに目覚めて、見えない世界を信じるようになると、統合の白い世界からの、素敵なアプローチがあります。

突然、自分の部屋に白い羽根が現れたり、白い翼の天使がそのまま見えたり、白い鳩に出会ったりして、調和や統合を表す白い存在が知らせてくれます。

## 統一ではなく統合への時代です

統一と統合は、どう違うのでしょう?

統一は、みんなをどんぐりのように、同じにしていきます。同じ色に変えてしまうのです。個性は無視です。

統合は、それぞれの個性を尊重しながら、調和を生み出していきます。

お互いの違いを認め合うので、同じ色にはせず、むしろ個性的な色を表現してもいいので、とてもカラフルになります。それでいて、面白いハーモニーを感じられるようになります。

調和と統合が進むと、本当に平和へのプロセスが開けてくるのです。

夢の中にそのサインが出てきたら、喜んでください。

あなたもその素敵な流れにちゃんと乗っています。

ユートピアを担当するメンバーになっているのです。

何も難しくありません。ひたすら今の自分ができることを、自分の持ち場で淡々とやっていくだけです。

今日から、調和、統合、平和の白を少しだけ意識してみましょう！

天使のような、白いファッションも楽しんでみてください。

昔天使だった人は、特に白に目覚めて、飛べるという意識が自然に広がります。発想が天使的に広がってきます。笑顔が自然に素敵になって、そんな自分がもっと大好きになってきます。いい流れがどんどん続くので、ルンルン、わくわくしてきます。

**白を意識して、統合の時代を楽しみましょう！**

**ユートピアというみんなの大きな夢も叶うようになります。**

**もちろん、私たち個人の夢も叶いやすくなります。**

私たちの夢は叶うようになっているのです。

なぜなら、宇宙は愛に満ちているからです。

新しい変化を楽しみにわくわくしている人の話は、明るくて、とてもにこやかです。

意識が世界を創っているので、それが現実化する様子を見ていると、とてもわくわくしてきます。「人生一切無駄なし」ですね！

「人生はゲーム」だと、思えるようになったときに、トランプという有名なゲームの名前の大統領が現れて、本格的にゲームになりそうです。

トランプのようにカードをめくると、予想しないこと、とんでもない展開が待っているかもしれません。どんでん返しの始まり始まり～！

今までの大統領の思考が国際主義でしたので、どうしても世界を権力者が統一しようとして、無理があるので、争いやテロや戦争が起きてしまいました。

トランプ次期大統領は、ナショナリズム（＝国家主義）なので、それぞれの国でやっていこうというお互いを尊重する思考です。これは、統一ではなく、統合への道にふさわしいと思いました。

個人も自分のことをきちんとして独立すると、他人を巻き込まずに、他人に迷惑をかけずに生きていけます。お互いの違いを認め合って、まとまっていくのが国家主義です。どこも侵略しないで、自分たちでしっかり幸福になっていくことが新しい統合への道、ユートピアへの道だと思います。

座禅断食会の指導者、野口法蔵師匠の「大きな平和活動をしなくても、自分のことをきちんとしていれば、自然に平和になるのです。自分のことをきちんとしましょう！」というお話が心にしみました。

「自分ができることを、きちんとする」は、とてもシンプルですが、それがユートピアに着々と導いてくれます。

## 宇宙のしくみを味方につけましょう

宇宙科学者たちが解明し始めていますが、3次元宇宙はこの太陽系だけで、あとの宇宙はホログラムだそうです。

つまり、3次元の肉体を持って、宇宙旅行できるのは、太陽系だけなのです。それ以外は、次元が上がるので、ワープする必要があります。そのための条件が最初から整っているのが、私たちの器である肉体です。3次元の太陽系では、かさばる宇宙服が必要かもしれませんが、それ以外にワープするときには、必要ないのです。宇宙船に乗った体験記を読んでも、みなさん、そのままの格好で乗り込んでいます。

私も5歳のときに夜中に何度も宇宙母船に乗って、「宇宙のしくみ」のレクチャーを受けました。不思議なのは、朝起きるとパジャマをきちんとたたんでいて、自分は裸のままでした。宇宙船で感じた「宇宙のしくみ」についての情報を潜在意識の資料室にプールしていたので、思い出してきました。

「これは、晩年に引き出すから」と宇宙人から言われていたのですが、もう晩年に入ってきています。

いよいよ面白い引き出しが出てきて、びっくり箱のように、ベストタイミングで表に出てきます。

意識の広がりは、5、6、7次元以上9次元まで自由に動き出します。それとともに、3次元での自分の意識は、かなりボーッとしてきますが、多次元的に広がっているので、安心してください。

多次元的な活発な動きが始まると、仕事効率はすこぶるよくなります。簡単にいろんなことができてしまいます。悩むひまがありません。ただやるだけなのです。とてもシンプルな人生になります。

**本当に今やりたいことを、流れが止まるまでやり続けることです。自然に宇宙が味方になってくれて、とんとん拍子にうまくいくことを実感します。体験の中から、「宇宙のしくみ」がわかってくるのです。**

宇宙を感じるのは、何かに集中しているとき（＝明想）と自然の中が一番です。今回も両方をしっかりと体験しましょう！

この宇宙は138億年前のビッグバンから膨張しているという説があります。光が自分を知るために個に分かれて、体験をしながら旅をしているのです。まさに宇宙旅行ですね！

なぜ、ビッグバンが生じたのでしょう？

神と呼ばれる「大いなるすべて」の一部に、「分離して一時的に統合を忘れたらどうなるの？」という「思念」ができて、「分裂」して「忘却」という幻影が生まれました。第3章の終わりにも書いたように、忘れることも宇宙の愛です。これが「宇宙創造」なのです。

やがて、「統合」されることは決まっているのですが、その前にいろんな体験をして、「大いなるすべて」の好奇心が満たされているのです。「分裂」とは「次元の分裂」のことを意味します。

そして、「次元」とは、意識の自由度を表現しています。好きなことがどれくらい自由にどこまでできるかです。

点が動いて線に、線が動いて面に、面が動いて立体に、立体が動いて時間と空間が生まれ、時空が動いてパラレルになります。それからは、光の世界です。

どんどん波動が高まり、輝きが増して、無限であることを感じられるようになると、広大無辺な意識に到達できるのです。

それが悟るという状態になり、忘却から脱出して「大いなるすべて」に統合します。

## 手放すことも必要です

いらないものを手放すときがきました。

不必要なもの、人間関係を、思い切って手放してみましょう！

ずっと、続けてきた環境や人間関係を手放すことで、マンネリから抜け出して、新しい風が吹きます。新しい世界に飛び出すことができるのです。

たくさんの方をヒーリングされている方が、10年間も頑固なスタッフに悩まされて、事務所がごみの山でそこが使えずに困っていました。ところが思いがけず、スタッフからやめたいと申し出があって、おかげで新しいスタッフが、ごみを20袋も片付けてくれてすっきりと、新しい事務所のように生まれ変わりました。仕事も流れがうまくいって、時間が短縮されて、嬉しいびっくりでした。

ちょうど、今が手放すベストタイミングだったのです。

手放すと、宇宙が、天使がどんどん味方してくれます。

きたものは、すべて必然です。きっとそのスタッフと、どこかの時代で深い縁があって、どうしても10年間お世話することになっていたのでしょう。その10年間が無事に終わって、魂の宿題が終わると、自然に去っていって、次のステップに進めたのです。

**人も、事柄も、受け入れ、流れに乗ると、自然に変化が始まります。**

**直感を信じていると、その変化のときをうまくつかめます。**

**ゆるゆるに受け入れ、ゆだねて、流れることです。**

新しい世界に、その流れが向かいます。

とても新鮮で、すべてに感謝したくなります。

## 宇宙からのギフトは遠慮なくいただきましょう

あまり食べないのに、とても元氣な方に、インタビューしました。

「どうやったら、食べなくても元氣でいられますか？　私はどうしてもお腹がすくのです〜」

「食べないほうが、調子がいいと思っているからだと思います」

「私は、食べないと死んじゃうと思っているので、だからお腹がすくのですね〜」と問答しながら、世界観の大きな違いに大笑いをしました。

思っている通りに人生が創られているのですね！

私には、中国の時代に戦争孤児の男の子で、お腹をすかせて亡くなった過去生があります。そのせいか、食欲という煩悩がなかなか思うようになくせないのです。きっと奥深いところで、餓死したトラウマが大きくて、「食べないと死んでしまう」と強く思っているのでしょう！

そういう自分をそのまま受け入れて、氣がすむまで美味しく食べたら、とらわれなくなって、卒業できるのかもしれません。

「啓子先生は、3時から起きて、本を書いたり、仕事をしたりしているので、朝ごはんを食べても他の人のランチくらいの感じです。そのあと、ハードな診療をするのですから、朝食もしっかり食べてください！」とスタッフからも嬉しいコメントをもらいました。

それから、食べることにも、ゆるゆる〜を導入してみました。

とても氣が楽になりました。楽しんで食べて、しっかり仕事をしています。

さらに、年に2回、座禅断食会を沖縄でやっています。

臨済宗の野口法蔵師匠の元に身体と心のデトックスができて、素晴らしい体験です。

身体のデトックスができたときに、潜在意識から食欲という煩悩も消えていくのではないかと期待しています。

座禅断食会のおかげで、毎朝、6時から20分間の座禅が習慣になりました。

宇宙一の夫と、猫の花ちゃんと3人です。嬉しいです。

朝起きて座禅20分、寝る前に明想20分が、理想的です。

座禅は、自律神経のバランスが整うので、とても健康になります。

**明想は、宇宙とのつながりが強くなり、宇宙の源からいろんな情報やパワーをもらうことができます。自分が何者か、自分はどんな状態なのかが、自然にわかってくるので、や**

**はりおすすめです。**

何かに集中しているときも、実は明想しているのと同じです。自分の宇宙とつながっています。

日々、愛とエンジョイのエネルギーに包まれて、いろんな体験を楽しく面白がってみましょう！　その日の流れをつかんで、感じて、自分ができるだけの愛と笑いの言動を味わいましょう！

もちろん、キレイな空間やモノに包まれると、氣持ちよく暮らせます。

**「場」をよくすることも、心がけると、仕事の効率がぐんとよくなります。**

子どもたちの勉強もはかどります。何よりも自然の中で思い切り遊びましょう！　しっかり遊ぶ子は、自然に宇宙のしくみを探求したくなって、自然に勉強を始めます。自分からいろんなことに疑問を持って探求すれば、その智恵は本当に自分のものになります。

やがて、探求のエネルギーは、宇宙から思いがけないギフトを受け取ることになります。宇宙のご褒美が、あるとき突然やってきます。

それを遠慮なく、受け取ってください。必ず、波動が上がって、見える世界が広がります。理解できる世界が大きくなるのです。これ以上の喜びはありません。いつの間にか、自分の天使さんとも、つながりが深くなって、近い感じがしてきます。

私は、天才！　天使とツーカー！

天使パワーのアシストを得る方法として、ぜひこのワークをしてみましょう！

自分の守護天使とつながり、人生をシェアできる伴侶や親友としっかりつながり、仕事も遊びもバランスよく、この人生を大いに楽しみましょう！

自分のことをきちんとし、それぞれの国が自分の国のことをきちんとすれば、お互いの文化の違いを認め合いながら、統合への道になります。

自然に、宇宙の法則に寄り添う生き方になって、確実に地球のユートピアが実現します。

壮大な人生ゲームを最後まで、楽しく味わいましょう！

ゆるゆるに身体も心もゆるめて、過去のしがらみをほどきましょう！

過去から思い込んでいた窮屈な古い自分を脱ぎ捨てて、新しいなりたい自分を選びます。

ゆるゆるの楽しい人生を！

# おわりに……面白がる人々が表に出てくるベストタイミングです

この本を最後まで読んでくださって、本当にありがとうございました。

この激動の時代に生きていることは、とてもラッキーです。

なぜなら、地球が大きく変わるときに、私たちも進化成長ができるからです。

私たちは、本当に運がよくて、ツイているのです。

いかに運がいいのかを、わかりやすく解説してみました。

いかがだったでしょうか？

面白かったと思ってくださったら、本当に本望です。

この激動の時代を乗り越えていく何かヒントが得られたでしょうか？

たくさんのヒントを提供したので、すぐに活用できることがあったら嬉しいです。

特に「選択と共振の法則」を、ワークで「パッと選んでぶるぶる～」を思いついたのは、自分でもやったと思えたほど、楽しかったです。

「選択と共振の法則」についての本を書かれた、はせくらみゆきさん自身も使いたいと言ってくださったので、最高に幸せです。

「ゆるゆるの法則」の役割を少しでも理解していただけたら嬉しいです。

新しい宇宙法則「ゆるゆるの法則」が、この激動の時代にこそ、必要とされています。

この法則を知ることで、これからの時代について、少しでも不安がなくなったらとても嬉しいです。

「ゆるゆるとゆるめて、パシッとはめなおすやり方」は、シンプルで、確実な変化をもたらします。


ちょうど、この本のゲラのチェックをしているときに、初めての皇居での勤労奉仕に参加していました。朝7時から集まって、広大な皇居の庭の掃除と草取りを全国からたくさんの人々が集まって奉仕をする活動です。

ちょうど、天皇皇后両陛下の御会釈を賜るときに、やはり今回が初めての参加で最前列に並んだ隣の女性と、深い縁を感じました。

彼女の両手があまりにも冷たくて、ふと手を握ると、エーテル体が手首でずれているように感じました。過去生を見ると、魔女狩りのときの後遺症のようでした。

ゆるゆるとゆるめて、パッとはめてあげたら、ジンジンしてきたようで、両手が温かくなり、とても喜ばれました。

「魔女だったことがあると言われたことがありました。本当に温かくなってきたので、びっくりです」とご本人も納得されていました。職場が大手町なので、いつも皇居を見ているそうです。きっと皇居に縁が深い方なのでしょう。江戸城が職場だったのかもしれません。

私たちは、魂の縁が深いところや人々に引かれて、魂のふるさとを訪ねたり、仲間に再会したりします。

勤労奉仕の2日目は、江戸時代の解放だったのか、どんどんと太鼓の音がして、天守台に案内されました。その近くの草取りと落ち葉履きをしていたら、一般の人々も入れるところで、外国人が通りかかりました。外国人なのに、ちょんまげと裃《かみしも》姿だったので、びっくりしてよく見たら、透けてみえました。江戸時代に江戸城で働いている人でした。やはり、海外に生まれ変わっても、昔の職場が懐かしくて、訪ねてくるのですね！　パラレルワールドを皇居でも見ることとできて、とても面白かったです。

いよいよ、私たちは、宇宙を身近に感じて、自由自在に創っていく時代を迎えています。やっとここまできたという感無量を味わっています。

どうなっていくかがわからない時代だからこそ、本領発揮です。

面白がる人々が、表に出てくるベストタイミングなのです。

不安がるより、面白がることで、しっかりと大波を乗り越えて行けます。

それも笑いながら、踊りながらです。明暗がはっきりと分かれていきます。

そんな時に、この本を出せることは、どんぴしゃのタイミングです。

そういう意味では、「宇宙を味方にする生き方についての本を書いてほしい」と提案してくれた編集者の武井章乃さん、ありがとうございました。

そしていつも温かく見守ってくださっている明石直彦編集長、本当にありがとうございました。

かなり、ユニークな精神科医が、「ついに宇宙について語っていいのですね」ととても嬉しくなりました。

今回は、思いっきりの体験を思う存分に、散りばめてみました。何を書いてもいい感じがして、ぐんぐんと面白いように書けました。

特に、講演会に合わせて出版を決めてからは、締切日ができて、超特急で書くスピードに変わりました。その方が、かえって乗りがよくなったので、びっくりです。

よく考えてみると、何でも書いていいと言ってくれたのは、編集者の武井さんだけではなくて、守護天使のさくらちゃんもでした。

天使が編集に加わるのは、初めてかもしれません。

ゲラの手渡しも、勤労奉仕の初日に、桔梗門で黄金の夕日の光を浴びながらでした。皇居でゲラを渡すのは初めてだそうです。勤労奉仕の4日間の夜に、ゲラチェックをしたので、原稿の余白に皇居のパワーが入っていて、お得感が増しています。


初めてと言えば、本の巻末に、見るととってもゆるゆるになる私の絵のカラー写真が4枚もついて、さらにお得になっています。

海バージョンのイルカと海亀の絵、そして仏画バージョンの千手観音と本文にもしっかり紹介した「ホワイトライオンと女神」の絵です。

イルカの絵は、海の舞のイルカホールに飾られています。カタカムナ文字が一緒に書かれていて、さらにパワーアップです。海亀の絵は、ハワイで実際に海亀を追いかけて、沖にまで行ったときの印象で描いた絵です。何も考えないで、海の中で海亀と一緒に泳いでいるイメージをしてみてください。

ぜひ海亀の絵も入れてと押してくれた宇宙一の夫と、猫の花ちゃんがいつも本を書く応援をしてくれました。本当にありがたいです。

千手観音の絵は本当に千本の手を描いています。自分が元気になる道具やものを手に持たせました。これを見ると、あなたも自分の宇宙の中の千手観音にスイッチが入って、過去体験した才能が開きます。「ホワイトライオンと女神」の絵も見るだけでご自分のホワイトライオンの役の方がさらに愛おしく感じてきます。女神性も開いてとてもすっきり緩やかになります。どうぞカラーの口絵を活用してください。

ずっと私の本を読んで支えてくださった多くの方々に心から感謝しています。

今までの人生で出会えたすべての魂さん、ソウルメイトさんにも心から感謝の氣持ちでいっぱいです。

同じ時期に、カタカムナ研究家の吉野信子先生も数霊の本を書いていて、お互いに励ましあうことができました。今回も吉野先生には、カタカムナの思念表を心よく提供してくださって、ありがとうございました。

さらに今回は、ツインソウルのパーカー智美さんが、いろんなヒントと情報を下さって、とても助かりました。まるで、生の天使=生天の大活躍でした。

本当にありがとうございました。

そのおかげで、とても楽しい本になりました。

これからもタイムリーに、いろんな面白い本を書き続けたいと思っています。
毎日、いろんなことを体験しているので、また思い方が変わってきます。
体験のあとに、またこの本を読んでみると、違ったところが意識に飛び込んできます。
わくわくしながら、何度でも読んでいただけたらと、切に願っております。

２０１６年　12月吉日

魂科医・笑いの天使・楽々人生のインスト楽多――

越智　啓子

日本音楽著作権協会
（出）許諾第１６１４４０９−６０１号

装丁／冨澤　崇
本文レイアウト／茂呂田　剛
イラスト／森　海里
組版／㈱キャップス

越智 啓子（おちけいこ）
精神科医。東京女子医科大学卒業。東京大学附属病院精神科で研修後、ロンドン大学附属モズレー病院に留学。帰国後、国立精神神経センター武蔵病院、東京都児童相談センターなどに勤務。1995年、東京で「啓子メンタルクリニック」を開業。99年沖縄へ移住。過去生療法、アロマセラピー、クリスタルヒーリング、ヴォイスヒーリングなどを取り入れた、新しいカウンセリング治療を行う。現在、沖縄県恩納村にあるクリニックを併設した癒しと遊びの広場「天の舞」を拠点に、クライアントの心（魂）の治療をしながら、全国各地で講演会やセミナーを開催し、人氣を呼んでいる。『人生のしくみ』『人生の選択』『魂の導き』（以上、徳間書店）、『言葉のチカラ』（青春出版社）、『「笑い」の秘密』（廣済堂出版）など著書多数。

セミナーやクリニック等のお問い合わせはこちらから。
ホームページ：http://www.keiko-mental-clinic.jp/

宇宙を味方にする
**ゆるゆるの法則**
今日からあなたも思い通り！

第1刷　　2017年1月31日

著　者　越智啓子
発行者　平野健一
発行所　株式会社徳間書店
東京都港区芝大門2-2-1　郵便番号105-8055
電話 編集(03)5403-4344　販売(048)451-5960
振替 00140-0-44392

カバー・口絵印刷　真生印刷(株)
本 文 印 刷　本郷印刷(株)
製　　本　(株)宮本製本所



乱丁・落丁はおとりかえ致します。

ISBN978-4-19-864324-9

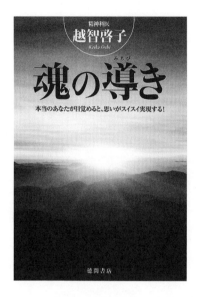

**ゆるゆるイルカ**

イルカは海の笑いの天使です。ピンクと水色のイルカが
あなたをほっとゆるませます。ストレスがあるときに見てくださいね！

キリトリ線

## ゆったり海亀

海亀は、ゆったりと優雅に泳ぎます。あせっているときやパタパタと忙しいときに、見てください。

ゆるゆる、ゆったりとスローダウンして、落ち着きます。

キリトリ線

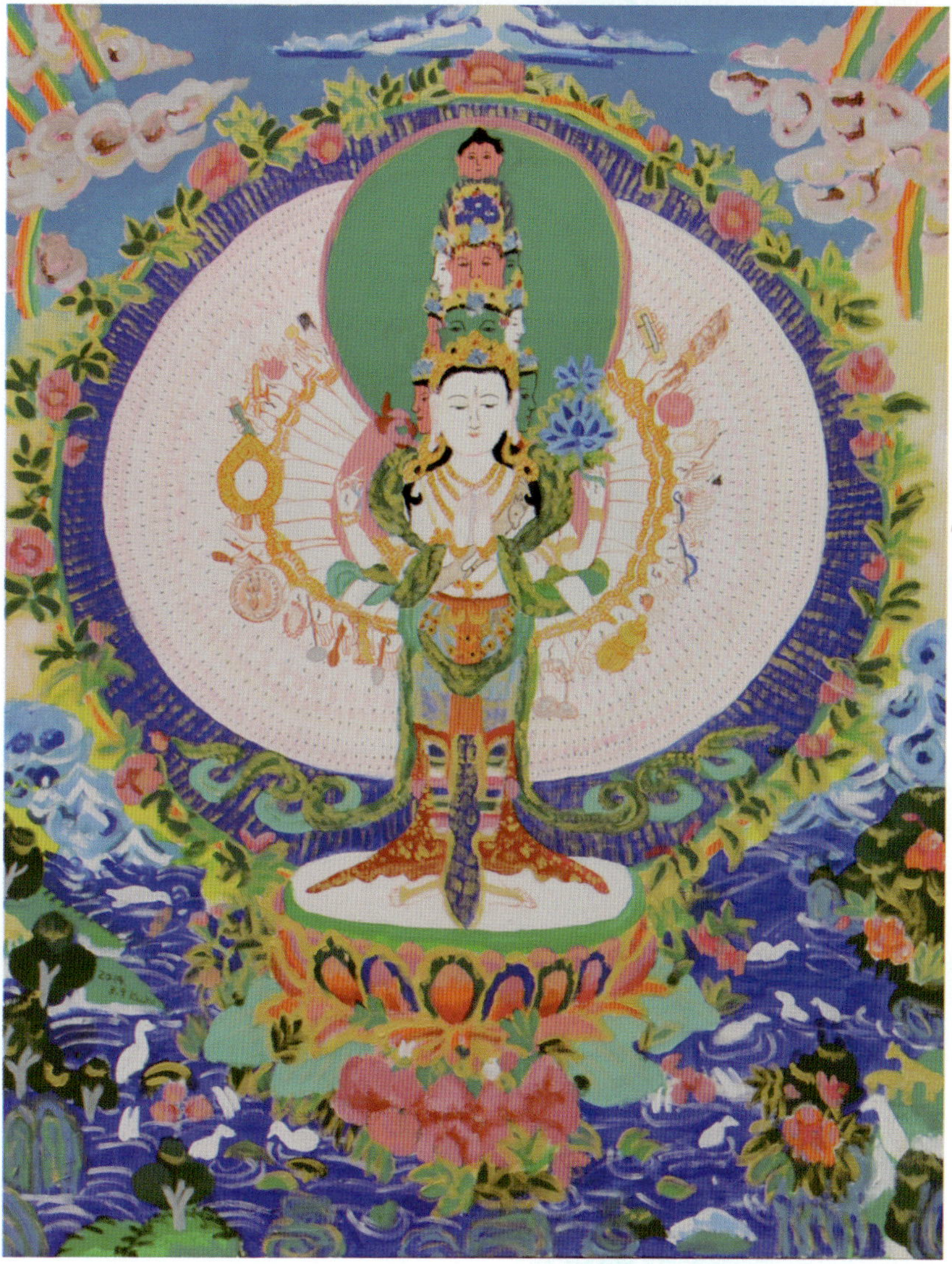

**才能開く千手観音**

あなたの宇宙の中の千手観音は、あなたの大好きなもの、昔一生懸命にやっていたことを象徴するものを持っています。あの手、この手で、いろんな難問をするりと解いていきます。

キリトリ線

**ホワイトライオンと女神**

あなたの女神性がゆるゆるに開きます。
ひょうきんでパワフルなホワイトライオンが守って、夢実現に運んでくれます。

キリトリ線